大塚野百合

子どもの賛美歌ものがたり

イエスさまいるってほんとかな

教文館

まえがき

この本が出来たきっかけは、二〇一六年の初め頃に、キリスト教保育連盟の田中真理さんから私に届いた手紙でした。この連盟の雑誌『キリスト教保育』に、『幼児さんびか』について見開き二頁の原稿を六回書いてほしい、ということでした。いつか子どもの賛美歌について学びたい、と願っていましたので、喜んで、すぐ六回分を書いて送り、それが一〇月から二〇一七年三月まで連載されました。

そこで私は考えました。小学生、中高生のための賛美歌について書いたものを加えて、一冊の本にしたいと。教文館出版部部長の石川正信さんは、田中真理さんを御存じでしたので、この案は受け入れられました。私はさっそく『こどもさんびか改訂版』と、そこの歌全部をおさめたCD『こどもさんびか改訂版』を購入して、勉強を始めました。

私は小学六年生のときから、父母が創立した教会で教会学校の教師をしていましたが、六〇歳頃から教師を辞めていますので、九四歳である現在は、子どもたちがどのように「こどもさんびか」に反応するのか全く分かっていません。彼らがどのような歌を好み、それらの歌からどのようなことを学んでいるのかも全然知りません。要するに、子どものことが分からない人間なのです。そのような私が、なぜ子どもの賛美歌の本を書いたのでしょうか。その理由は、子どもの賛美歌の世界の扉を開いてみたら、そこに多くの宝物のような素晴らしい歌があったからです。現代の日本人が歌詞と曲を作った歌や、外国の人が書いた歌などに魅了されたからです。そこに、コロンブスがアメリカ大陸を発見したときの驚きと喜びに似たものを感じたからです。

それですから、この本は、私自身が感銘を受けた賛美歌について、自由に書いたエッセイ集だと思って読んでください。私が感銘を受けるのは、主イエスを身近に感じさせてくれる歌です。主が私たちを愛しておられることを感じさせてくれる歌です。大分前に、カトリックの司祭のピーター・ミルワードという人が、自分が編纂したイエスのたとえ話を集めて英語の教科書を刊行しました。その「まえがき」で、彼は次のように述べていました。「聖書の初めの創世記から終わりのヨハネ黙示録までを研究しても、もし自分が主イエスに愛されていることを信じることができなければ、彼の聖書研究は意味が無い」と。私たちも、多くの賛美歌を覚え、歌い、また、賛美歌の歌詞と曲を書いた人々について学んだとしても、自分自身が主イエスに愛されていることを信じることができなかったら、悲しいですね。どうか本書を読む人々が、主イエスに愛されていることを信じてくださるよう願っています。

目次

装丁　熊谷博人

凡　例

＊本書で取り扱う賛美歌集は以下の通りです。『讃美歌』『讃美歌第二編』『讃美歌21』『こどもさんびか改訂版』（日本基督教団出版局）、『新聖歌』（教文館）、『幼児さんびか』（キリスト教保育連盟）。

＊「讃美歌」という表記は、特定の賛美歌集についてのみ使用し、その他の場合には「賛美歌」を使います。なお、本文中の「讃美歌」という表記は、一九五四年版『讃美歌』（日本基督教団出版部）を意味します。

＊本文中の「賛美歌」の表題は、慣例に従い、各曲の歌詞の初行を用いました。なお、本文中の「イエス（・キリスト）」という表記は、歌詞など引用の場合を除き、「イエス」を使用します。

＊本文中で使用する聖書は、日本聖書協会のご好意により、新共同訳を使用しています。

1　イエスさま　いるって　ほんとかな（こどもさんびか改訂版一六番）

聖書を教えて

私はかつて恵泉女学園の短大の教師でしたが、半年の間、中学一年生の二クラスに聖書を教えることになりました。ある日、生徒の皆さんにキリスト教についての質問を書いて提出してもらいました。彼女たちが書いたものを読んでいたとき、ある質問に私は衝撃をうけました。「イエスは本当に生きているのですか？」と書いてあるのです。「恵泉に入学したときから礼拝や聖書の時間に『イエスさまはこう言われた、イエスさまの言葉に従っていきなさい。イエスさまを信じなさい』と先生たちはおっしゃるけれど、イエスさまのお姿は見えないし、お声も聞こえない。二〇〇〇年近く前に死んだ偉い人らしいけれど……」とその生徒は本気で悩んでいたのでしょう。なんと素晴らしい質問でしょうか！

イエスさまいるってほんとかな

詞・曲 Cecily Sheehy

1.イエ ス さ ま い るっ て ほ ん と か な ー い ま で も
2.イエ ス さ ま い るっ て ほ ん と だ よ ー パ ン を わ
3.イエ ス さ ま い るっ て ほ ん と だ ね ー み こ と ば
い るっ て い う け れ ど イエ ス さ ま い るっ て
け あ い み つ め あ い う れ し い こ と も
き い て パ ン を さ く み ん な の な か に
ほ ん と か な ー み た こ と な い け れ ど ー
か な し み も ー わ け あ う わ の な か に ー
イエ ス さ ま は ー い つ も い て く だ さ る ー

「イエスさま　いるって　ほんとかな」

『こどもさんびか改訂版』の一六番に「イエスさま　いるって　ほんとかな」という歌があります。

一、イエスさまいるって　ほんとかな、
今でもいるって言うけれど。
イエスさまいるって　ほんとかな、
見たことないけれど。

二、イエスさまいるって　ほんとだよ。
パンを分けあい、見つめあい、
うれしいことも　かなしみも
分けあう　わの中に。

三、イエスさまいるって　ほんとだね。
みことば聞いて　パンをさく
みんなの中に　イエスさまは

いつも　いてくださる。

この歌を初めて知ったとき、私はとても嬉しく思いました。恵泉女学園の中学一年生が書いた質問の答えが歌になっているからです。この歌はニュージーランドのカトリックのドミニコ会修道女であるセシリー・シーヒィ（Cecily Sheehy, 1938-　）が歌詞と曲を書いたものです。

恵泉女学園の創立者、河井道子先生が教育の目的とされたことは、成績のよい生徒を育てることではなく、生徒の一人一人を「生きているイエスさま」に導くことでした。これは、すべてのキリスト教主義学校の教師たちが願っていることです。

セシリー・シーヒィとは

彼女は修道女ですが、インターネットで彼女の写真を見て、驚きました。太陽のように明るい表情をしており、眼は澄んでいて、想像力にみちた女性であることを感じさせます。ニュージーランド南島南部の町バルクルーサで生まれたセシリーは、幼いときから音楽的な感性にめぐまれ、五歳でピアノを弾き始めました。

ダニーデンの聖ドミニコカレッジを卒業し、一九六一年にドミニコ会の正式な修道女になりました。

その間にピアノやヴァイオリンだけでなく、フルートやクラシックギターも演奏できるようになったというのですから、彼女の音楽的才能がどんなにすぐれているかがわかります。二〇〇〇年にはオークランド大学で音楽学学士号を取得し、現在は個人的な指導や、学生や信徒のための作曲などをおこなっています。

この賛美歌は一九八〇年にカトリックの雑誌 *Family Living* に子どものための歌として掲載されました。これに関して、彼女は面白い話を述べています。この雑誌の編集者であった彼女は、毎月一つの新しい歌を紹介する仕事をしていました。すると著作権のことなどいろいろ面倒な作業をしなければなりません。それで彼女は考えました。それならば自分で歌を作り、曲を書いたほうがよいのではないかと。そうして二七の歌を彼女は創作しました。

この歌の原歌と私訳を紹介します。

1. How is Jesus present? How is Jesus present?
   How is Jesus present today?
   Tell me how he's present. Tell me how he's present.
   Tell me how he's present today.

2. He’s present in the children, present in the family,
Present in the meal that you share.
He is present when you’re laughing, present when you’re giving,
present when you listen and care.

3. But I cannot see him. But I cannot see him,
but I cannot see him today.
Are you just pretending? How can it be real?
I would like to see him today.

4. Every time you listen, every time you’re sorry,
every time you care for a friend,
that is when he’s present, though you do not see him,
“I am with you always”, he said.

5. Now I understand, Now I understand,

Let us celebrate today!
He's present in the WORD, present in the PEOPLE,
Present in the breaking of BREAD.

一、どうすればイエスさまがそばにおられると感じられるのですか?
　どうすればイエスさまがそばにおられると感じられるのですか?
どうすればイエスさまがそばにおられると今日感じられるでしょうか?
イエスさまがそばにおられるとどうすれば感じられるか教えてください。
　イエスさまがそばにおられるとどうすれば感じられるか教えてください。
今日イエスさまがそばにおられるとどうすれば感じられるか教えてください。

二、イエスさまは子どもたちの中に、家族のなかにおられます。
イエスさまはあなたがたが一緒にいただく食事のなかにおられます。
イエスさまはあなたがたが楽しく笑っているとき、
　何かを人にあげているとき、
あなたのそばにおられます。

あなたがたが人の話を聞き、人々の世話をするとき、
あなたがたのそばにおられます。

三、けれど私には主のお姿は見えません。
けれど私には主のお姿が見えません。
けれど今日私には主のお姿が見えません。
あなたは真実でないことを言っているのではないですか。
主がおられるって本当ですか？
私は今日イエスさまをこの目で見たいのです。

四、あなたが人の話を聞き、自分の落ち度を認め、
友達の世話をするとき、
イエスさまはあなたのそばにおられます。
けれどそのお姿は見えません。
「私はいつもあなたと一緒にいますよ」と主は言われました。

五、やっと分かりました。分かりました。
今日という日を祝いましょう！
イエスさまは聖書のみ言葉のなかに、人々のなかに、
ともにいただく聖餐式のパンのなかにおられるのです。

原歌（英語版）の直訳と『こどもさんびか改訂版』の訳を比べて気がつくのは、『こどもさんびか改訂版』の訳がいかに素晴らしいか、ということです。この歌が伝えたいメッセージが曲にのって私たちに迫ってきます。

イエスさまいるって　ほんとだね。
みことば聞いて　パンをさく
みんなのなかに　イエスさまは
いつも　いてくださる。

2　かみさまは　のきの　こすずめまで（幼児さんびか一八番）

一、かみさまは　のきの　こすずめまで
おやさしく　いつも　まもりたもう

（折り返し）
ちいさいものをも　めぐみたもう
かみさまの　聖名《みな》をたたえましょう

二、かみさまは　のべの　ゆりのはなを
かおりも　ゆかしく　さかせたもう

三、ゆりのはな　ことり　すべてのもの

おつくりに　なって　あいしたもう

小さなものへのまなざし

『幼児さんびか』一八番のこの歌は、「神さまが雀を守り、百合の花を咲かせておられる。神さまは小さいものをお恵みになる」と歌っています。米国のシカゴに住んでいたマライア・ストラウブ（Maria Straub, 1838-98）という女性が歌詞を書き、弟の作曲家であったソロモン・ストラウブ（Solomon Straub, 1842-99）が曲を書きました。マライアは二〇〇ほどの賛美歌を書き、禁酒運動のための歌も作ったと言われていますが、彼女の生涯の詳しいことは米国でも不明だそうです。

ところで原歌と日本語訳は大分違いますので、原歌をじっくり読んでください。

1. God sees the little sparrow fall,
   It meets His tender view;
   If God so loves the little birds,
   I know He loves me, too.

(Refrain)
He loves me, too, He loves me, too;
I know He loves me, too;
Because He loves the little things,
I know He loves me, too.

2. He paints the lily of the field,
Perfumes each lily bell;
If He so loves the little flowers,
I know He loves me well.

3. God made the little birds and flowers,
And all things large and small;
He will not forget his little ones,
I know He loves them all.

一、神さまは（巣から）落ちる子雀さえも
優しく見守ってくださる。
神さまが小鳥を愛しておられるなら、
私も愛しておられます。

（折り返し）
神さまはわたしも愛してくださる。私も愛してくださる。
私も愛してくださるのです。
神さまは小さいものを愛されるので、私も愛してくださるのです。

二、神さまは野の百合を美しく咲かせ、
良い香りを与えてくださる。
神さまは小さい花を愛しておられるので、
私を深く愛してくださるのです。

三、神さまは小鳥や花々や

大きいもの、小さなものすべてを造られたが、
小さなものをお忘れにならない。
神さまはすべてのものを愛しておられるのです。

神さまの愛

この歌詞を読んで気づくことは、“He loves me”「神さまは私を愛しておられる」という語句が並外れてくりかえし使用されていることです。「折り返し」には四回用いられています。なぜだろうか、と考えてみて、私は次のようなことを推測しています。マライアは神の愛を素直に信じられたからこの語句をリピートしたのではなく、何かの理由で自分が神に愛されていない、と思って苦しんでいた時期があったのではないでしょうか。

ところがあるとき、彼女は空の小鳥や野の花のような小さなものを神さまは愛しておられると気づき、それなら私も愛してくださっているのだ！　と信じることが出来るようになり、その喜びがあまりに大きくて、この「神さまは私を愛しておられる」を繰り返したのではないでしょうか。英語の“little”は「小さい」だけでなく「つまらない」という意味があります。

マライアはもしかしたら、自分はつまらない人間だという劣等感に苦しんでいたかも知れません。彼女の肖像は残っておらず、生まれた日、亡くなった日も不明です。しかし、「かみさまは

のきの　こすずめまで」は現在でも日本の多くの子どもたちに歌われて、神さまの愛を彼らに伝えています。

3　イエスさま　こどもを（幼児さんびか四四番）

一、イエスさま　こどもを　まねきたもう
みんなで　おそばに　まいりましょう

（折り返し）
「こどもよ　おいで」と　イエスさまの
やさしい　おこえが　きこえます

二、イエスさま　こどもを　あいしたもう
みんなで　よいこに　なりましょう

三、イエスさま　こどもを　あつめたもう

みんなで　みわざを　はげみましょう

神さまの招きと「祈りの園」

『幼児さんびか』四四番は、イエスさまが子どもを愛して、「子どもよ、おいで」と優しく呼んでおられるお声が聞こえる、という歌です。この歌詞を書いたエレナー・アレン・シュロール（E. A. Schroll）という女性の生涯は不明で、彼女の肖像も残っていません。ただ一つ分かっていることは、「祈りの園」という美しい賛美歌を彼女が書いていることです。この賛美歌は多くの人々に愛され、インターネットにも取り上げられています。原歌と私の訳を紹介します。

1. There is a garden where Jesus is waiting,
There is a place that is wondrously fair,
For it glows with the light of His presence.
'Tis the beautiful garden of prayer.

(Refrain)
Oh, the beautiful garden, the garden of prayer!

Oh, the beautiful garden of prayer!
There my Savior awaits, and He opens the gates
To the beautiful garden of prayer.

2. There is a garden where Jesus is waiting ,
And I go with my burden and care,
Just to learn from His lips words of comfort
In the beautiful garden of prayer.

一、イエスさまが待っておられる園《その》がある。
不思議なほど美しい所がある。
主がおられるのでひかり輝いているからだ。
それは美しい祈りの園なのだ。

（折り返し）
なんと美しい園か、祈りの園は！

なんと美しい祈りの園か！
そこで救い主は待っておられ、
門を開けてくださる。美しい祈りの園に。

二、イエスさまが待っておられる園がある。
そこに私は重荷や悩みを持って行く、
主の唇から慰めのみ言葉を聞くために
美しい祈りの園で。

イエスと子ども

この歌を読んで分かることは、彼女は祈りをする場所に行って主イエスに祈ることをどれほど愛したか、ということです。そこで主は彼女を待っておられるのです。二節で彼女は述べています。色々の悩みを訴えに行くと、主の唇から慰めの言葉を聞くことができると。

苦しみのなかで祈っているとき、主イエスの優しい慰めの声が聞こえるということは、なんと素晴らしいことでしょうか。有名な讃美歌三一二番の二節に「悩みかなしみに　沈めるときも、祈りにこたえて　慰めたまわん」と書いてありますが、これはまさに彼女の経験であったはずです。四四番「イェスさま　子どもを」の原歌を見つけることができないので残念ですが、「『こどもよおいで』とイェスさまのやさしいおこえがきこえます」というところを読むと、「エレナー、あなたを待っていましたよ。あなたの悩みに答えてあげましょう」という優しいイエスさまの御声が彼女に聞こえたと思います。

作曲者フィルモアについて

四四番の曲を書いたジェイムズ・ヘンリー・フィルモア（J. H. Fillmore, 1849-1936）は、米国オハイオ州シンシナティ市でディサイプル派の教会の牧師の息子として生まれました。一六歳のとき父が亡くなったので、父が経営していた声楽を教える学校の責任者となって家計を支えました。また成人になると兄弟でその町にキリスト教の音楽関係の出版社を設立しました。また作曲家としての才能に恵まれていたので、多くの賛美歌の曲や、カンタータを作りました。この四四番の歌は、一九二〇年に彼の出版社が刊行した *Hymns for Today* に収録されていました。この「祈りの園」の曲もフィルモアが書きました。

4　いつくしみふかい（こどもさんびか改訂版一三〇番）

この歌は讃美歌21の四九三番にあります。世界で最も愛されている賛美歌の一つですが、特に日本人が大好きな歌で、あとで述べるように、その曲が唱歌に用いられて、教会のそとでも広く歌われてきました。ところでこの歌を書いたジョゼフ・スクライヴン（Joseph Scriven, 1819-86）は、一生のうちに多くの悲劇を経験し、その苦しみのなかで、主イエスに祈ることの大切さを学んだのです。

この賛美歌の私訳と原歌を紹介します。

一、なんと素晴らしいことでしょうか。
主イエスが私たちの友人であり、
私たちの罪と悩みを負ってくださるとは！

祈りによってすべてのことを神に打ち明けることができるとは、
なんという特権でしょうか！
しかし、なんとしばしば私たちは平安を受けそこない、
無駄に心を痛めることでしょうか、
すべてを神に打ち明ける祈りをしないゆえに。

二、試練や誘惑にであっていますか。
困難がありますか。
失望してはいけません。
そのことを主に祈りなさい。
こんなに真実な友があるでしょうか。
私たちのすべての悲しみを感じてくださる方が。
主イエスは私たちの弱さをすべてご存知です。
主に祈りなさい。

三、重荷に弱り、

心労に疲れていますか。
貴い救い主は私たちの逃れ場です。
主に祈りなさい。
あなたは友達に軽蔑され、捨てられていますか。
主に祈りなさい。
主はそのみ胸にあなたを抱き、あなたを守ってくださり、
慰めと安らぎが満ちるでしょう。

1. What a friend we have in Jesus,
All our sins and griefs to bear!
What a privilege to carry
Everything to God in prayer!
Oh,what peace we often forfeit,
Oh, what needless pain we bear,
All because we do not carry
Everything to God in prayer!

2. Have we trials and temptations?
Is there trouble anywhere?
We should never be discouraged. . . .
Take it to the Lord in prayer.
Can we find a friend so faithful,
Who will all our sorrows share?
Jesus knows our every weakness;
Take it to the Lord in prayer!

3. Are we weak and heavy-laden,
Cumbered with a load of care?
Precious Savior, still our refuge. . . .
Take it to the Lord in prayer.
Do thy friends despise, forsake thee?
Take it to the Lord in prayer!
In His arms He'll take and shield thee,

Thou wilt find a solace there.

作詞者スクライヴンの生涯

この歌の作詞者ジョゼフ・スクライヴンは一八一九年にアイルランドの裕福な家に生まれ、ダブリンにある名門大学トリニティ大学を一八四二年に卒業しました。ところが一八四三年に結婚式の前日、彼のフィアンセが溺死したのです。この出来事により癒すことのできない心の傷を負った彼は、二五歳のときカナダのオンタリオ州ウッドストックに移住しましたが、病気になってアイルランドに帰国しました。しかし自分の永住の地はカナダであると感じ、一八四七年にカナダに戻りました。

一八五五年、彼はオンタリオ湖畔のポート・ホープより北にあるビュードリー（Bewdley）という町に、友人のゼイムズ・サックヴィルと住んでいました。するとある日スクライヴンの実家から手紙が届きました。彼の母親が重い病にかかって苦しんでいることを知った彼は、母を励ますために、この賛美歌を送りました。

ところで、この歌の内容をよくみると、母のために書いたとは思えません。三節に「あなたは友人に軽蔑され、捨てられていますか」と書いてあります。それで私は次のように推測します。彼自身があるときひとに軽蔑されて心が痛んだことがあり、そのとき主イエスに祈って深い慰めを感じてこの歌を書いていたのではないかと思います。

実はスクライヴンは「プリマス・ブレスレン」（Plymouth Brethren）というキリスト者のグループに属していました。彼らは、牧師という職を認めず、お互い信者仲間を「ブレスレン」（brethren）と呼んでいました。この言葉は古語で、brother の複数形です。彼らは貧しい人々がいると、無料でいろいろの作業をして奉仕しました。スクライヴンも汚れた作業服を着て奉仕活動をしていたある日、冷たい言葉をかけられたことがあったそうです。

その彼に再び春がめぐってきました。海軍大佐の娘エリザ・キャサリンと結婚の約束をしたのです。ところが彼女は肺炎にかかり、二三歳で死去しました。彼は四一歳でした。二度も婚約者を失うという悲劇に打ちのめされた彼は、残りの人生を他者を助けるために捧げましたが、晩年にはうつ状態であったようです。一八八六年八月一〇日に彼の遺骸がライス湖近くの用水路で発見されました。祈っている姿勢であったそうです。彼は婚約者エリザの隣に葬られています。

スクライヴンの画像を発見

インターネットでスクライヴンを検索していたところ、彼の画像に出会って、驚きました。正装をしており、端正な顔で、内になにかを秘めているような眼差しの立派な紳士です。今まで痩せて貧相な男性を想像していたので、彼を見る目がすっかり変わりました、そして天にいる彼に語りかけたい思いがします。

「スクライヴン様。大分前のことですが、あなたのこの歌の“What a friend we have in Jesus”を日本語で「いつくしみ深き友なるイエスは」といつも歌っていましたが、英語版を調べようと思い、英語で歌ったとき、私は衝撃を感じました。この歌詞を書いたあなたは、イエスさまと友人のように親しく語りあって生きておられたのですね。ところが私は頭ではイエスさまを信じているつもりですが、生きているイエスさまと親しく語り合っていないことに気づきました。あなたのおかげで大事なことを教えられて、ありがとうございます」。

ジョセフ・スクライヴン

この賛美歌の作曲者について

チャールズ・コンヴァース（Charles Crozart Converse, 1832-1918）は、米国の弁護士でしたが、作曲家でもありました。彼は米国マサチューセッツ州で生まれました。後に留学してドイツのライプチヒで音楽と法学を学び、一八五七年に帰国し、アルバニー法律学校で学んで一八六一年に卒業しました。

彼がこの賛美歌のための曲WHAT A FRIENDを書いたのは一八六八年、三六歳の時でした。彼はその歌詞の素晴らしさに圧倒されたのでしょう。世界の人々の心を魅了する名曲が生まれました。一八七五年に彼の親しい友人であったアイラ・サンキーが編纂した*Gospel Hymns and Sacred Songs*にこの賛美歌の歌詞と曲が収録されると、あっという間に、多くの人々がこの歌を愛唱するようになりました。

文部省唱歌「星の界」の曲となる

驚くべきことに、このコンヴァースの曲が文部省唱歌「星の界《よ》」の曲として用いられ、日本の中学生が学校で音楽の時間に習ったのです。一九一〇年、明治四三年四月に発行された『教科統合中学唱歌』第二巻の「星の界」は、杉谷代水《だいすい》の作詞によるものです。

星の界

月なきみ空《そら》に、きらめく光、
嗚呼《ああ》その星影《ほしかげ》、希望のすがた。
人智《じんち》は果《はて》なし、無窮《むきゅう》の遠《おち》に、

いざ其の星影、きわめも行かん。

雲なきみ空に、横とう光、
ああ洋々《ようよう》たる、銀河のながれ。
　仰《あお》ぎて眺むる、万里のあなた、
いざさおさせよや、窮理《きゅうり》の船に。

中学生にはこの上なく難しい歌詞です。夜の空を眺めて、人知では理解できない神秘的な魅力を感じ取った杉谷代水が、「いつくしみ深き」の曲に触発されて、この歌詞を書いたのでしょう。当時の日本になかった魅力のある唱歌が生まれ、多くの日本人に愛唱される歌になりました。

阿刀田高氏とこの歌

作家として大活躍されている阿刀田高氏と御夫人慶子さんを私は良く存じあげていますが、大分前に次のような話を伺いました。ある日慶子夫人が教会で覚えた「いつくしみ深き　友なるイエスは」を歌っておられるのを聞かれた高先生が「その歌は《月なきみ空に、きらめく光》の曲ではないか?」と問われました。それで御夫人は、「いつくしみ深き」という賛美歌の曲がその唱歌に使われていると説明なさったので、高先生はとても驚かれたそうです。

高先生は『旧約聖書を知っていますか』と『新約聖書を知っていますか』を新潮文庫から刊行されました。一九九六年に『新約聖書を知っていますか』が刊行されたとき、私はその解説を書かせていただきました。二〇〇九年に創元社から刊行した『出会いのものがたり』の第一六章にご夫妻のことを詳しく書かせていただきました。

5　かみの　おこの（幼児さんびか三〇番）

一、かみの　おこの　イエスさまは
ねむりたもう　おとなしく
かいばおけの　なかにても
うたぬわらの　うえにても

二、うまがないて　めがさめて
わらいたもう　イエスさまよ
あしたのあさ　おきるまで
とこのそばに　おりたまえ

ゆりかごの賛美歌

私は『幼児さんびか』を開いて三〇番の「かみのおこのイエスさまは、ねむりたもう、おとなしく」を見たとき、心が躍りました。子どものときから大好きなこの歌が日本の大人の賛美歌集から消えていた、と思っていたからです。この歌は明治三六（一九〇三）年版讃美歌の四一七番に収録されていましたが、昭和二九（一九五四）年版讃美歌から削除されました。

それではこの歌の私の直訳と英文を紹介します。この歌の曲名は"CRADLE HYMN"です。

飼い葉桶のなかで、寝床もなく、
小さなイエスさまは可愛い頭を横たえておられます。
空の星は、イエスさまをながめています。
藁のなかで眠るイエスさまを。

牛が鳴いてイエスさまは目をさまされますが、
お泣きになりません。
イエスさま、あなたを愛しています。朝がくるまで、お空から私を見守り、
揺りかごのそばにいてください。

Away in a manger, no crib for His bed,
The little Lord Jesus laid down His sweet head;
The stars in the sky looked down where He lay
The little Lord Jesus, asleep in the hay.

The cattle are lowing, the poor Baby wakes.
But little Lord Jesus, no crying He makes.
I love thee, Lord Jesus, look down from the sky.
And stay by the cradle till morning is nigh.

一八八四年に米国の雑誌 *The Myrtle* は、この歌の作者が宗教改革者のルターであると報じたのですが、実は作詞者、作曲者はいまだに不明です。

しかし、なんと魅力的な歌でしょうか。可愛い赤ん坊のイエスさまがすやすや眠っておられるのを、お空の星がじっと眺めているのです。とくに心を打つのは、二節の「イェスさま、私はあなたを愛しています」というところです。原歌にあるこの言葉が日本語訳にないのは残念です。

幼児がイエスさまに愛されていることを信じ、そのイエスさまに“I love you”と愛を告白しているのです。そのような愛をイエスさまはとても喜ばれることでしょう。そしてその子は祈るのです。朝まで自分が寝ている揺りかごのそばにいてくださいと。幼いときにイエスさまに愛されていることを信じ、眠りにつく前に、このような祈りをすることが出来るということは、素晴らしいことです。

一八八七年に、米国のジェームズ・R・マーレーがこの歌詞に感激して“AWAY IN A MANGER”という美しい曲を書きました。ルーテル教会の教会讃美歌三六番に収録されています。今世界で一番多くの人々に愛唱されています。

眠りにつく前の祈り

一九七〇年に、私は『眠りの神学――J・ベイリーの説教集』という訳書を日本キリスト教団出版局から刊行しました。『朝の祈り夜の祈り』の著者として有名なJ・ベイリー牧師は「主イエス・キリストにあらわれた神の愛を思いめぐらしながら眠りにつくこと」がキリスト者にとって非常に大事であると述べています。そして詩編一二七編の一節の「主は愛する者に眠りをお与えになるのだから」という言葉を紹介しています。二年ぐらい前にこの本を数十年ぶりに読んで、私はこの言葉に感動しました。毎晩寝るとき、「今日も思うように仕事が出来なかった」と悔やんでいたからです。「イエスさまはありのままの私を愛していてくださり、今晩やすらかな眠りを与えてくださる」と教えられました。大人の私たちも、床《とこ》につくとき、「床のそばにおりたまえ」と祈りましょう。

6　ちいさい　こどもが　ねむるとき（幼児さんびか二六番）

一、ちいさいこどもがねむるとき、かわいいほしは　めをさます。
ほしがおめめをさましたら、てんのつかいよ　きてください。

二、ちいさいこどもがさめるとき、かわいいほしは　めをとざす。
ほしがおめめをとざしても、てんのつかいよ　いてください。

カークパトリックと子どもの賛美歌

『幼児さんびか』二六番の「ちいさい　こどもが　ねむるとき」を本書第5章で紹介した「かみの　おこの」（幼児さんびか三〇番）の次に取り上げるのにはわけがあります。この二六番の曲は、三〇番の原文である“Away in a manger”に配するために、米国人のウイリアム・J・カークパトリック（William J. Kirkpatrick, 1838-1921）が一八九五年に作曲したクリスマスの名曲なのです。幸いなことに、日本では讃美歌21の二六九番に「飼い葉おけにすやすやと」という題名で収録されています。曲名は"CRADLE SONG"です。この二六九番の歌には『幼児さんびか』三〇番にはない三節があります。この三節は一八九二年に出版されたチャールズ・H・ガブリエルという有名な賛美歌作曲者の歌集に収録されていました。『幼児さんびか』三〇番の作詞者同様、この三節の作詞者も不明です。私訳で紹介します。

イエスさま、いつまでもわたしのそばにいて、わたしを愛してください。
こどもたちをみんな祝福してください。
わたしたちを天国につれていってください。そこであなたと住むことができるように。

この「ちいさいこどもがねむるとき」の日本語訳の歌詞を書いた由木康は、「きよしこの夜」を訳した有名な賛美歌作詞者です。彼については第8章で詳しく述べます。子どもが眠っているときも、起きているときも、天使がそばにいて、守ってください、という可愛い歌詞です。

カークパトリックは有名な賛美歌作曲家で、新聖歌には彼の作曲した歌が一五曲収録されています。彼は驚くほど多才な人間で、フルート、バイオリン、チェロやオルガンを弾くことができ

ちいさい こどもが ねむるとき

詞：由　木　康
曲：W.J.Kirkpatrick

たのです。また数多くの福音唱歌を作曲し、一〇〇冊ほどの福音唱歌集を編集したのです。ところが音楽は彼の本業ではなく、家具製作によって生活を支えていました。

しかし、一八七八年に妻が死去したことが彼の生活を変えました。彼は家具製作を止めて、音楽と作曲を通して神に奉仕するようになりました。

カークパトリックの深い祈り

新聖歌四四九番「父なる御神に」は彼が作詞し作曲した歌です。神さまから離れた生活をしていた人間が、悔い改めて神に帰る、という歌で「折り返し」は「帰らん帰らん　われ帰らん　神よ愛の手伸べ給え！」です。実はこの歌は彼の実体験から生まれたのです。彼はフィラデルフィア市のメソジスト教会が行っていた天幕伝道で音楽を受け持っていました。そこには普段教会にはあまり行かない多くの民衆が集まっており、彼らのために数名の独唱者が奉仕していました。

ところが彼は気づいたのです。ある独唱者は歌を歌うと、すぐ帰り、説教を聞こうとしないのです。「この青年はキリストを知らない」と思った彼は、この人のために真剣に祈っていました。すると一つの歌詞が心に浮かび、「父なる御神に　今帰らん」という歌が生まれました。彼がこの歌を歌うことをその青年に頼んだとき、奇跡が起こりました。その歌詞に心を打たれた青年は、礼拝の後で牧師が「キリストを信じたいと思う人は前にきなさい」と呼びかけると、彼は立ち上がって前に進み、キリストを救い主として受け入れたのです。
この歌の原歌と私訳を紹介します。

I've wandered far away from God,
Now I'm coming home;
The paths of sin too long I've trod,
Lord, I'm coming home.

(Refrain)
Coming home, coming home,
Nevermore to roam,
Open wide Thine arms of love,
Lord, I'm coming home.

I've wasted many precious years,
Now I'm coming home,

I now repent with bitter tears,
Lord, I'm coming home.

I'm tired of sin and straying, Lord,
Now I'm coming home,
I'll trust Thy love, believe Thy Word,
Lord, I'm coming home.

My soul is sick, my heart is sore,
Now I'm coming home,
My strength renew, my hope restore,
Lord, I'm coming home.

My only hope, my only plea,
Now I'm coming home;
That Jesus died, and died for me,

Lord, I'm coming home.

I need His cleansing blood, I know,
O wash me whiter than the snow,
Lord, I'm coming home.

私は神から遠くはなれて、さまよっていたのですが、
今や、帰ります。
罪深い生き方を長い間していたのですが、
主よ、帰ります。

(折り返し)
帰ります、帰ります。
もう二度と放浪することはありません。
主よ、あなたの愛のみ腕を広くあけて、
私を抱いてください。帰ります。

私は多くの貴重な年月を浪費したのですが、
今、帰ります。
今私は涙を流して悔い改めています。
主よ、私は帰ります。

私は罪で疲れ、迷っています、主よ。
今、帰ります。
私はあなたの愛とみ言葉を信じます。
主よ、私は帰ります。

私の魂は病み、私の心は痛んでいます。
今、帰ります。
私の力を新たにし、再び希望を与えてください。
主よ、私は帰ります。

私の唯一の希望、私がお願いできる唯一の方、今、私は帰ります。
あの主イエスは死なれた、私のために死なれたのです。
主よ、私は帰ります。

私には主の潔める血潮が必要です。
今、私は帰ります。
私を雪よりも白く潔めてください。
主よ、私は帰ります。

私はこの話を知ったとき、カークパトリックという人をほんとうの意味で理解できたと感じて、嬉しくなりました。彼が書いた賛美歌の歌詞、また曲は、このような深い祈りから生まれたのです。祈りは、子どもを育てている父母や保育者にとって大事なものです。そして嬉しいことに、神さまは、み心に適う祈りを必ず聞き届けてくださいます。

私は二〇一五年に、メソジスト教会の基礎を築いたジョン・ウェスレーの母スザンナの評伝『スザンナ・ウェスレーものがたり』を教文館から刊行しました。そこに、この優れた母が七歳の息子のために捧げた祈りを神が聞かれて、一八世紀の英国に霊的革命が起こったことを詳しく書きました。

7 うれしい うれしい クリスマス（幼児さんびか三八番）

岡本敏明について

この「うれしい　うれしい　クリスマス」を輪唱すると、ほんとうにクリスマスの楽しさが心だけでなく体にもあふれて、皆で一緒に踊りたくなります。この楽しい歌は優れた作曲家である岡本敏明（一九〇七―七七）が歌詞と曲を作りました。

岡本は旧組合派の牧師の次男として宮崎で生まれ、音楽で身を立てたいと願って、現在の国立《くにたち》音楽大学の前身である東京高等音楽学院で学びました。その後、国立音楽大学や玉川大学の教授となり、東京の日本基督教団弓町本郷教会のオルガニスト、また聖歌隊長を務めました。またNHK合唱団の指揮者の一人として活躍し、賛美歌改定委員として奉仕しました。彼は子どものさんびかや、童謡に深い関心を持ち、『児童作曲の手引』を書いています。

特にとりあげたいのは讃美歌四〇〇番の「主よ、わが痛みの　おさえがたく」です。この歌詞を書いた友井楨《こずえ》（一八八九―一九六二）は、バプテスト教会の優秀な牧師で、バプテスト神学校や関東学院の教授として活躍していたのですが、一九五二年に重病にかかり、衣笠病院に入院しました。その時、痛みに耐えて書いたのが、この歌です。

一．主よ、わが痛みの　おさえがたく、
くるしみ疲れて　み名よぶとき、
あらしを鎮めし　むかしのごと、
かたえに来りて　助けたまえ。

岡本敏明は、一九五四年にこの歌のために曲を作り、讃美歌四〇〇番が出来ました。

岡本敏明
（玉川学園所蔵）

讃美歌二編七二番「よろこびは満ちあふる」は、藤田昌直（一九〇五―八二）がキリスト者の喜びについて書いた歌詞に、岡本が心が躍るような曲を配しました。藤田は東京の小石川白山教会の牧師で、実父は「早春賦」の作詞者であった吉丸一昌《よしまるかずまさ》でした。吉丸の愛人の息子であったので、悩みの多いなかで主イエスの救いにあずかり、牧師となったのです。

うれしい うれしい クリスマス

（輪　唱）

詞・曲：岡本敏明

一節を紹介します。

よろこびは満ちあふる、あがなわれし主の民は　主の生命《いのち》を身にうけて、
その交わり絶《た》えざれば、いざうたえ、もろともに、くしきめぐみ　みすくいを。

岡本敏明は、童謡作家としても知られています。「どじょっこふなっこ」は、東北の民謡の歌詞に岡本が曲をつけました。

「かえるの合唱」は、多くの子どもたちに愛されている歌ですが、これについてインターネットに面白い記事が載っています。岡本が勤めていた東京都町田の玉川学園に一九三〇年にスイスの教育者ヴェルナー・ツィンメルマン博士（Werner Zimmermann, 1893-1982）がみえて、子どもたちに「かえるの合唱」の原曲をドイツ語で歌って教えました。それを聞いていた岡本がその歌に興味を感じて日本語に訳したそうです。「かえるのうたが　聞こえてくるよ」で始まる楽しい歌です。

世界各国から集められた輪唱歌全二三〇曲を収めた岡本敏明・小山章三《こやましょうぞう》編『新・輪唱の楽しみ』（音楽之友社、一九九六年）の中にある「汽車ぽっぽ」と「わっしょいわっしょい」は、彼が作詞し、作曲しました。彼は、歌って楽しくなる子どもの歌が、心から好きだったのでしょう。

クリスマスの思い出

子どもにとってサンタクロースは本当に生きているのです。私が九州の宮崎市の幼稚園に通っていたある年、クリスマスのプレゼントをサンタクロースが良い子にくれるというので、マントが欲しいから、きっと私の枕元にマントが置いてあるだろう、と信じて寝ましたら、クリスマスの朝、えび茶色のマントが置いてあったのです！　母にマントが欲しいと話したことは忘れていたようです。

ところがある日、私にショックを与える事件が起こったのです。近所のお煎餅屋の静子さん、通称しーちゃんという大の仲良しの子が「のーちゃん、サンタクロースなんていないのよ」と言ったのです。それを聞いた私は「神さまなんていないのよ」と言われたほどの心の痛みを感じて母に泣きながら訴えました。「しーちゃんがサンタクロースはいないと言ったのよ」と。生まれて初めて心が張り裂けるほどの苦しみを感じました。そして今でも私は、サンタクロースのいないクリスマスは考えられないのです。ところで子どもの時に楽しかったクリスマスも成長するにつれて、楽しいと思われなくなります。しかし救い主イエスの誕生を子どもの頃のように心から喜ぶことを神さまは求めておられると思います。

私は『「きよしこの夜」ものがたり――クリスマスの名曲にやどる光』（教文館）にクリスマスの七曲の賛美歌について詳しく書きました。

8　おほしがひかる（こどもさんびか改訂版七七番）

一、お星《ほし》が光《ひか》る　ぴかぴか
ふしぎにあかく　ぴかぴか
なにが　なにが　あるのか
お星《ほし》が光《ひか》る　ぴかぴか

二、らくだが通《とお》る　かぽかぽ
さばくをこえて　かぽかぽ
どこへ　どこへ　いくのか
らくだが通《とお》る　かぽかぽ

三、お星《ほし》が光《ひか》る　ぴかぴか

らくだが通《とお》る　かぽかぽ
そうだ　そうだ　こよいは
めでたいきよい　夜《よる》だよ

「おほしがひかる」

このクリスマスの歌は、ドイツ民謡の曲で歌う、とてもチャーミングな歌です。星が不思議に光っている、なにがあるのか、らくだが通る、どこへ行くのか、そうだ、こよいは、めでたい夜だよ、というシンプルな歌詞ですが、お星がぴかぴ光り、らくだがかぽかぽ通る、という箇所が、歌っていいてとても楽しくなります。

教会でよく歌われる由木康が作詞した「まぶねのなかに」は、『こどもさんびか』の七九番に収録されていますが、同じ人がこんなに可愛らしいこどもの歌を書いているのです。

「おほしがひかる」は、一九四四年に『日曜学校讃美歌』に収録されてから、日本全国の日曜学校の生徒や教師たちに愛された歌です。私も日曜学校の生徒たちと何度も何度もこの歌を歌い、クリスマスの喜びに心が満たされたことを思い出します。

由木康とはどんな人か

由木康《ゆうきこう》（一八九六―一九八五）は日本の賛美歌の発展のうえで、大きな貢献をした牧師、パスカル研究者、賛美歌作家、また優れた訳者です。第6章で前述したように「きよしこの夜」の訳者として知られています。彼の著書『讃美の詩と音楽』（教文館、一九八二年）を用いて、彼の生涯について述べます。

彼は、鳥取県の現在の境港市で生まれました。彼が生まれてまもなく、彼の家の隣にキリスト教の講義所ができ、竹田俊造（一八七三―一九五〇）という伝道者がそこで伝道をはじめました。この人は松江で伝道していた英国人のバックストンから遣わされた人で、由木の父はそのバックストンから洗礼を受けて、熱心な信者になったのです。

由木康（わらべ館所蔵）

バックストンについて

日本の福音派プロテスタント教会の形成にあたって、B・F・バックストン（Barclay Fowell Buxton, 1860-1946）という英国の准男爵家出身の貴公子が驚くべき貢献をしました。彼はケンブリッジ大学の学生であったときに、米国の大伝道者D・L・ムーディの説教を

バークレー・バックストン

大学の伝道集会で聞いて、献身を決意し、一八九〇（明治二三）年に来日し、本拠地を松江に置いて、多くの人々を信仰に導きました。英国国教会の牧師でしたが、伝道の費用を全部自費でまかない、教派を超えて活躍しました。

彼は学識、人格ともに優れた眉目秀麗な人物で、英国において政治の世界や実業の世界で活躍することを期待されたのですが、この世の栄達をすべて捨てて、福音を伝えるために来日したのです。彼は一八六〇年にロンドンの郊外に住んでいた准男爵家の一〇番目の子どもとして生まれました。一九歳でケンブリッジ大学最優秀生となり、全学科においてその年の優秀生でした。当時、彼はキリストを伝える教職になるのが使命であると考え始めていました。

一八八二年一一月に転機が訪れました。有名な伝道者ムーディが彼の大学に招かれました。ムーディは、その晩、手をさし伸べて罪をゆるさんとして待っている愛の神を説いたのです。そして「来て、この主を受け入れよ」と叫んで、若者たちを主に招いたのです。

一八九〇（明治二三）年、バックストン夫妻と長男マーレー、庭師や家政婦を含む六人の英国人が神戸に上陸し、翌年松江におちつき、そこを根拠地としました。一八九〇年は、国粋反動主義が激しくなった年で、翌一月には、内村鑑三が不敬事件で第一高等学校を辞職し、キリスト教内部では自由主義神学が日本にもたらされた時でした。それゆえキリスト教の霊的生命を強調するバックストンの貢献が必要であったのです。彼のもとには多数の日本人のキリスト教の指導者になるべき人物が訪れて教えを乞いました。

このバックストンの影響で、由木の父は熱心な信者となりました。中年から献身して、東京の聖書学院で学び、伝道者になりました。明治三〇年代の後半に、バックストンを総理とする日本伝道隊に参加し、鹿児島、神戸、対馬などで宣教活動をしました。父の影響で、由木康は神戸二中の時、洗礼を受け、中学三年のとき、最初の賛美歌を書いたのです。それは対馬にいた時でした。彼が愛唱していた讃美歌四九六番「うるわしの白百合」の曲に合わせて作った歌詞です。

うるはしの夕べに　旅人よなどかは
冬枯れし木陰に　涙してたたずむ
　君見ずやみ空に　かがやけるかの星
　くすしくもくすしくも　かがやけるかの星

彼はクリスマス祝会でこの歌を独唱したそうです。当時彼は童謡や民謡にも関心があり、次のような童謡を書いています。

あれあれ星が　きれいな星が
　キラキラキラとひかってる
きれいな星が　きれいな空で
　キラキラキラとひかってる

由木康は、牧師になるために関西学院高等部文科（現在の関西学院大学文学部の前身）卒業後、日本伝道隊の伝道者養成のための機関であった神戸聖書学校に入学しました。その後上京して、東京二葉独立教会（現在の日本キリスト教団東中野教会）の牧師になり、五〇年間牧会に力を注ぎました。

七九番「まぶねのなかに」

一九二三年に書いた「まぶねのなかに」は、彼の深刻な信仰に関する苦悩から生まれました。イエス・キリストは本当に神の子か、イエスという人間を神格化して崇めているのではないか、と彼は深く悩みました。その結果、彼は神がイエスという人間になってくださった、という確信をもつことができました。四節で彼は次のように述べています。

この人を見よ、この人こそ
人となりたる、活《い》ける神なれ。

ルターは、神が人間になったという奇跡にくらべれば、マリアの処女受胎という奇跡は小さなものだ、と述べています。

四九番「かみはそのひとりごを」

由木が、「人となった活ける神」を、子どもたちに分かりやすいように書いたのが『こどもさんびか改訂版』四九番です。

一、神さまは　そのひとり子を
世の中に　くださったほど、
世の人を　愛されました。

二、神の子を　信じるものが、
新しい　命をうけて、

いつまでも　生きるためです。

この歌に小山章三が曲を書いています。静かに私たちの心に染み込むメロディーです。

9　イースターのあさはやく（こどもさんびか改訂版八八番）

日本生まれのイースターの名曲

八八番の「イースターのあさはやく」を初めてCDで聞いたとき、このようにすばらしいイースターの賛美歌を日本人が作詞し、作曲したのか、これは世界に誇るべきイースターの名曲だ！と思いました。

歌詞を書いた今橋朗《いまはしあきら》（一九三二―二〇一四）は、一七歳のときリーベンゼラ教会連合久が原福音教会で洗礼を受けました。慶応義塾大学経済学部卒業後、東京神学大学大学院で旧約神学を専攻しました。一九六七年にアメリカのギャレット神学校に留学しました。一九六一年に日本基督教団蒔田教会の牧師となると同時に、日本聖書神学校で実践神学を教え、学校長を務めました。賛美歌関係では、日本基督教団讃美歌委員として長年奉仕しました。信仰が厚く、才能が豊かな人物であったことは、八八番の素晴らしい歌詞を見れば分かります。

この歌の作曲者小山章三《こやましょうぞう》（一九三〇―二〇一七）は、長野県丸子町の実業学校の学生として農

小山章三
（1977年、国立音楽大学所蔵）

業土木を学んでいたとき、ある家庭集会に出席しました。その町には教会がなかったので、彼はそこで生まれてはじめて賛美歌を聞き、深い感動を味わいました。そして三三歳で洗礼を受けました。

音楽を学びたいと願い、国立音楽大学に入学し、教育音楽学科第一回生となりました。卒業後、玉川学園高等部で教師となりました。また母校の国立音楽大学でも教授として教鞭をとりました（音楽教育学）。第7章で紹介した岡本敏明の弟子にあたります。

彼は豊かな音楽的感性をもっている作曲家で、彼の作品は『こどもさんびか改訂版』に五曲収録されています。四九番「かみさまはそのひとりごを」、八八番、一一四番「やさしいめが」、一一八番「イエスさまがきょうかいを」と一三七番「かみさまにかんしゃ」です。

この歌の歌詞の素晴らしさ

この歌を歌ったり、聞いたりしていると、不思議な平安を感じます。そして四節までくると、現在の世界がどのような不安と恐怖を私たちにもたらそうとも、「『十字架で死んだあのイェスさ

イースターのあさはやく

詞：今橋 朗　　　　　　　　　　　　曲：小山章三

ま』がみんなの希望なのだ。ハレルヤ！」と両手をあげて、叫びたくなります。

イースターの朝はやく、泣いていたマリアに「十字架で死んだあのイェスさま」が静かに呼びかけられました。二〇一七年の現在、多くの人々がさまざまな苦しみ、悲しみゆえに涙を流しています。その人々に、そして私たちに「十字架で死んだあのイェスさま」が、静かに語りかけてくださいます。

イースターの夕方に、二人の弟子が、自分たちの救い主は殺されたと思って、絶望して歩いていると、「十字架で死んだあのイェスさま」が一緒に歩いてくださいました。私たちが生きている現在、救い主が世界を支配しておられると信じられないほどの絶望を私たちは感じています。しかし「十字架で死んだあのイェスさま」は、絶望している私たちと一緒に歩いてくださるのです。

イースターの八日目に、トマスがイエスさまの復活を信じない、と言ったとき、イエスさまが部屋に入ってこられました。現在、多くの人々がイエスさまの復活を信じていません。けれども、イエスさまは私たちのそばにおられるのです。

現在の世界の人々が、「もうこの世界は滅びるだけだ」と言ったとしても、「十字架で死んだあのイェスさま」が、みんなの希望なのです。

キリストは本当によみがえられたのです!!　ハレルヤ!!

この歌の曲の素晴らしさ

この歌が私たちの魂に迫るのは、その曲が素晴らしいからです。作曲者小山が、歌詞に触発されて、歌詞を活かす名曲を書いたからです。各節で繰り返される「十字架で死んだあのイェスさま」は、この歌の一番大事な箇所です。それが曲のなかで見事に活かされています。もしこの箇所の旋律がすこしでも弱いと、この歌の迫力は無くなるでしょう。

彼は一九五二年、国立音大に在学中に「行けども行けども」（讃美歌二四四番）という賛美歌の曲を書き、賛美歌作曲の懸賞募集に応募して入選しました。

一、行けども行けども　ただ砂原、
道なきところを　ひとり辿る。
ささやく如くに　み声きこゆ、
「疲れしわが友、我にきたれ」。

二、やけたる砂原　いたむ裸足、
渇きのきわみに　絶ゆる生命、
しずかにやさしき　み声きこゆ、

国立音楽大学夏期講習会で「合唱指揮法」を指導する小山章三（1955 年 8 月、国立音楽大学所蔵）

「生命《いのち》のいずみに　来たりて飲め」。

三、帰る家もなく　つかれはてて
望みもなき身は　死をぞねがう。
さやかにちからの　み声きこゆ、
「帰れや、父なる　神のもとに」。

この賛美歌は、長坂《ながさか》鑒《かん》次郎《じろう》（一八七一―一九五二）という牧師が作詞したもので、一九五一年の賛美歌懸賞募集に応募し入選したものです。その時、彼は八一歳で、まもなく召天しましたので、最後の作品となりました。八一歳の牧師が作詞した深刻な人生の悩みについての賛美歌を、音楽学校の学生であった小山章三は深く理解し、それにふさわしい曲を書きました。まさに天才的な音楽的感性の持ち主だけができることです。

長坂鑒次郎は、同志社神学校を卒業後、新潟、函館、岡山で牧師として奉仕し、後に神戸女学院教授、神戸女子神学校校長を務めました。

このように見てくると、私たちにイエスさまがほんとうによみがえり、生きておられることを告げる賛美歌は、優れた歌詞と優れた曲が必要であることが分かります。

10　ちいさなかごに（讃美歌第二編二六番）

「ちいさなかごに」について

讃美歌二編二六番の「ちいさなかごに」は一九〇三年に米国のアリス・J・クリーター（Alice J. Cleator, 1871-1926）が作詞し、第15章で詳しく紹介するグラント・タラーが曲をつけた、とても可憐な子どもの歌で、一九〇九年に日本の讃美歌集に収録されてから、多くの人々に愛された歌です。小さな優しい行いが人生を明るくするという歌です。

アリス・J・クリーターは、英国のマン島で一八七一年に生まれ、数年後に家族と米国に移住し、オハイオ州クリーヴランドに住んでいましたが、ニューヨークで学校の教師を勤めました。彼女は子どものために多くの賛美歌を書いています。讃美歌四九六番「うるわしの白百合」も彼女が作詞したものです。

この「ちいさなかごに」は一九〇九年の明治版『讃美歌第二編』に収録されていましたが、その後の日曜学校讃美歌集から消えていました。ところが一九五四年版の讃美歌第二編に再び採用されました。その際、この歌の原歌が見つからず、編集委員の方々は苦労なさったようです。現在では、有名な英米の賛美歌の初行が分かれば、インターネットで検索して、原歌を読むことができます。

それでは「ちいさなかごに」の私訳と原歌を紹介します。

一、可愛いかごに秋の花を入れて
暗い部屋に置いたところ、
日の光が部屋にみちて、
その一週間心が明るかった。
微笑んでいる花の美しさに包まれた
素敵な時間をすごすことができて。

（折り返し）
皆で人の役に立つように生きよう。
皆で人を祝福するように生きよう。
小さな親切な行いは

魔法のような力がある。
太陽の光が
最も暗いところを照らすようにしよう。
そうすれば夜中の闇は消えて
最も明るい日が訪れるのだ。

二、美しい小鳥の鳴き声が響くのを聞くだけで、
心にたまっている悩みごとが軽くなる。
小鳥の鳴き声が天国からの訪れのように響き、
太陽の光、希望と勇気が戻ってくる。

三、憂鬱な日に、
楽しそうな「おはようございます」を聞くと、
魔法にかかったように
空は晴れて、澄んで見える。
それを聞いた人は

今日は幸せな日になりそうだ、と思って
微笑んで道を歩いていた。

1. Just a dainty basket
Filled with autumn bloom,
Yet it brought the sunshine
To a darkened room;
All the week seemed brighter
For those shining hours
Laden with the sweetness
Of the smiling flowers.

(Refrain)
Let us all be helpful;
Let us live to bless;
Little deeds of kindness

Magic power possess.
Scatter beams of sunshine,
Over the darkest way;
Soon the midnight gloom shall change
To brightest day.

2. Just a sweet bird-carol
Trilled upon the air,
Yet a heart was lightened
Of its load of care;
Like a heavenly message
Seemed that little strain;
Sunshine, hope and courage
All came back again.

3. Just a glad "good morning"

On a day so drear,
Yet as if by magic
Skies seemed bright and clear;
And the one who heard
Passed along her way,
Smiling at the prospect
Of a happy day.

ところで、一九四四年の『日曜学校讃美歌』の九八番の訳はつぎのようになっていました。

ちさきかごに　もれる花
暗き家に　持ち行かば
清き色香　部屋に満ち
痛む胸も　癒されなん

愛のわざは　ちさくとも

神の力　籠りゐて
闇夜なせる　世の中を
昼間よりも　楽しくせん

この訳の方が、原歌を正しく訳しています。

私たちの生活のなかで、ちょっとした親切な行いが、私たちの生活を明るくし、その日一日が楽しくなる、ということを私たちはよく経験します。

私はがんで七回入院し、東大病院で六回お世話になりました。レントゲン検査を受けたとき、数回「あなたの野百合という名前はいい名前ですね」と言われて、とても嬉しく思いました。また、あるとき、手紙を郵便ポストに入れるために歩いていたところ、郵便局の集配車が私のそばで止まって、窓を開けて私から手紙を受け取って、「ありがとう」と運転手が言ってくれたのです。私は驚いて「こちらこそ、ありがとう、です」と返事しました。この運転手の親切な行為で、私は数日心が晴れていました。

ところでよく考えてみますと、私たちは神の愛を信じて平安でいるとき、小さな親切を自然にすることができますが、心に不安がみちて、いらいらしているときには、人に辛く当たったりします。

小さな親切をするために、神さまから平安な心を与えていただきたいと思います。

この歌と日野原重明先生

この歌について記事を書いた数日後の二〇一七年四月二二日（土）の朝日新聞の夕刊に日野原重明先生が「一〇五歳・私の証　あるがまま行く」という連載記事で「幼稚園の先生に教わった賛美歌」について書いておられるので、読んでみて驚きました。日野原先生が、神戸のランバス記念幼稚園で担任であった塩田小婦喜《こふき》先生から教わった「ちいさなかごに花を入れ」という賛美歌が今でも心に残っている、と書いてあるではありませんか。一〇〇年ぐらい前ですから、歌詞は「ちさきかごに　もれる花」であったと思います。この歌がそのような昔から日本の子どもたちに愛されていたことを知って、とても嬉しくなりました。

讃美歌四九六番「うるわしの白百合」について

アリス・クリーターが作詞したもう一つの有名な歌である「うるわしの白百合　ささやきぬ昔を」は、心に浸みこむ美しい曲が付されており、これも多くの日本人に愛されている歌です。美しい白百合を見ると、主イエスが墓からよみがえられた昔のことをしみじみと考える、という歌です。私訳と原歌を紹介します。

一、雪のように白い
美しい白百合よ、
私たちに静かに
昔のことをささやいてください。
墓から勝利者として、
偉大な救い主として
よみがえらえた主イエスについて。

（折り返し）
雪のように白い
美しい白百合よ、
私たちに静かに
昔のことをささやいてください。
美しい白百合よ、
美しい白百合よ、
私たちに静かに

昔のことをささやいてください。

二、春の花であるイースターの百合は、
眠りより目覚めて、
喜びをもたらす。
この花は、明らかに天国からのメッセージだ。
私たちの死後の生が永遠で聖なるものであるという。

三、天の父が冬に寝ている百合の花の
眼を覚まし、夏の光で照らされるように、
神の愛は、愛する子どもたちを見守り、
死の長い眠りから、彼らを静かに目覚めさせてくださる。

1. Beautiful lilies,
White as the snow,
Speak to us softly

Of long ago;
Telling of Jesus,
Who from the grave
Rose all victorious,
Mighty to save.

(Refrain)
Beautiful lilies,
White as the snow,
Speak to us softly
Of long ago;
Beautiful lilies,
Beautiful lilies,
Speak to us softly
Of long ago.

2. Lilies of Easter,
Blossoms of spring,
Wake from their slumber
Gladness to bring.
O they are ever
Heaven's bright sign
Of life beyond us,
Endless, divine.

3. Even as our Father
From winter's night
Waketh the lilies
To summer's light,
So His dear children
His love will keep,
Waking them softly

From death's long sleep.

この歌の作者は、白百合を見て、主イエスの復活の意味について深く考えて一節を書き、二節では、私たちの死後の生が永遠で、聖なるものであることを百合の花を用いて神さまが示してくださると述べています。また主イエスの再臨のときの死者の復活について考えて、三節の歌詞を書いています。新約聖書のコリントの信徒への手紙Iの一五章にある「死者の復活」を読んで、彼女は深い感動を感じたと思われます。私はこの歌を英語で読んで、初めてこの歌詞の宗教的な深さに気づきました。

この歌の美しい曲を書いたJ・リンカン・ホール（J. Lincoln Hall, 1866-1930）は、ペンシルヴァニア大学を優等生として卒業し、多くの賛美歌の曲を書き、カンタータやオラトリオなども作曲したので、ハリマン大学から名誉音楽博士号を与えられました。「うるわしの白百合」が長年日本で多くの人々に愛されたのは、その心にしみる曲ゆえでしょう。

11　このはなのように（こどもさんびか改訂版一一五番）

この歌は川上盾《かわかみじゅん》（一九六一―　）の代表作ともいうべき素晴らしい歌です。彼は同志社大学神学部を卒業し、現在は日本基督教団前橋教会の牧師です。川上氏は音楽的才能に恵まれ、中学時代からギターを弾きはじめました。礼拝のメッセージは、大人にも子どもにも分かりやすいことを心掛けています。

川上盾

ところで、彼は「これもさんびか」ネットワークの代表として大活躍をしています。これは、新しい賛美歌を紹介しあうネットワークです。このグループは、今までのような伝統的な賛美歌でなく、時代の問題に鋭く反応し、その視点から聖書が伝えるメッセージを賛美歌に込めることを願っています。

『こどもさんびか改訂版』に収録されている賛美歌で

CD『これもさんびか』ジャケット

は、九四番「ふしぎなかぜが」、一〇二番「わたしたちのたべるもの」、そして一一五番「このはなのように」が、川上氏の作った素晴らしい歌です。

一一五番「このはなのように」

この歌は、「花の日」「こどもの日」のためのよい歌がなかったので、川上氏がこの歌詞と曲を書いて、二〇〇二年に『こどもさんびか改訂版』に採用された傑作です。この歌が発表されるや、大きな反響があり、多数の牧師や教会学校の教師がこの歌を子どもたちと一緒に歌ったことでしょう。なんと優しい歌詞と曲でしょうか！　その魅力はいったいどこにあるのでしょうか？

「このはなのように」と始まり、最後に「……こどもにしてください」と三回くりかえされるこの歌は、各節で「お日さまをあびて　すくすく育つ」「みんなの心に　やさしくかおる」「神さまの愛を　そっとあらわす」と祈るような優しい言葉が紡がれています。

「このはなのように」という言葉は、私たちの想像力を刺激します。バラや白百合のような豪華な花よりも、野原に咲いている可憐な花、自分の家の庭に咲いている花を想像させます。また、

このはなのように

詞・曲：川上 盾

この歌を歌っている人は、この子どもの母でしょうか。祖母でしょうか。教会学校の教師でしょうか。

多くの賛美歌では言葉によって一定の心象風景が呼び起こされます。創造力が入り込む余地がありません。ところが、この歌では、これを歌う人々が自分なりに、自由に、いろいろな状況を想像できるのです。

唱歌「故郷ふるさと」

「神さまの愛をそっとあらわすこどもにしてください」という祈りは、なんと尊い祈りでしょうか！　ところが、神さまを知らない親は、子どもが人生において成功し、立身出世することを願います。日本人が心から愛している唱歌「故郷ふるさと」の歌詞を見てみましょう。高野辰之が歌詞を、岡野貞一が曲を書いています。

兎追いし　かの山
小鮒釣りし　かの川
夢は今も　めぐりて
忘れがたき　故郷《ふるさと》

如何《いか》に在《い》ます　父母《ちちはは》
恙《つつが》なしや　友がき
雨に風に　つけても
思い出《い》ずる　故郷

志《こころざし》を　はたして
いつの日にか　帰らん
山は青き　故郷
水は清き　故郷

三節の「志を　はたして」とは、どのようなことでしょうか。故郷を離れて都会にゆき、成功して、故郷に錦を飾ることを意味していると思います。

ところが、この歌の作曲者の岡野貞一は、一四歳のときに洗礼を受けたクリスチャンで、四二年間東京の本郷中央教会でオルガニストを務めました。日曜日の礼拝の時、彼は賛美歌の伴奏をしました。それですから、岡野貞一にとっての「志をはたす」とは、世俗的な意味での成功者になることではなく、神の御意思に従って生きることであったはずだ、と私は思います。

彼が作ったこの「故郷」の曲には、賛美歌にこめられているような「癒しの力」が感じられます。彼は、この曲をとおして、「神さまの愛をそっとつたえている」のではないでしょうか。東日本大震災の被災者の女性たちが、涙を流しながらこの歌を歌っている姿をテレビで見て、私は心を打たれました。

12 ふしぎなかぜが（こどもさんびか改訂版九四番）

ペンテコステの賛美歌

この歌は、前章で紹介した川上盾が作詞作曲した、ペンテコステのために作られた歌です。使徒言行録二章に、五旬祭の日に弟子たちがあつまっていると、「突然、激しい風が吹いてくるような音が天から聞こえ、彼らが座っている家中に響いた」と書いてあります。

それで、川上氏は、一、二節に「ふしぎな風が　びゅうっとふけば」、三節には「ふしぎな風が　びゅうっとふいて」と書いています。聖霊が働いている様子が目に見えるようです。そして、この風によって、自分のなかに勇気がわくのです。また、言葉が違ういろいろの国の人々が友達になり、それによって教会が創立されたのです。これが、聖霊の働きなのです。

このような風が現在の私たちに吹けば、心のなかまで強められ、神さまの子どもになれるでしょう。そして、私たちは、今までと違う、新しい毎日をすごすことができるのです。あの風が、私たちに命を与えてくれます。子どもたちは、二〇〇〇年前のペンテコステの出来事が、自分たちと深い関係があることが分かります。
川上氏は、子どもの心に寄り添って、この歌を作りました。この歌を子どもたちは、「僕は、私は、勇気が足りない。心が弱い。けれどもイエスさまは、私を強めてくださる。なんと嬉しいことだろう！」と思うでしょう。

聖霊の働きと現在の世界

現在、世界と日本の教会は、この聖霊の風が吹くことを願っています。二〇一五年二月一四日のキリスト新聞が「西欧全域でキリスト者減少、各地で教会閉鎖相次ぐ」という記事を載せました。日本でも、多くのキリスト教主義学校が礼拝に出席する学生の減少に悩んでいます。また教会は、青年の信徒が少なく、若者に魅力がないところ、と思われています。

讃美歌21三五〇番「来たれよ、聖霊」(讃美歌一八一番「みたまよ、くだりて」)は一七〇七年に英国の賛美歌作者アイザック・ウォッツが発表した賛美歌です。彼は三、四節で、次のように述べています。聖霊が働いていないとき、

私たちの賛歌は形だけで、
感動が欠けています。

賛美の言葉は口もとでしぼんでしまい、
礼拝は死んでいます。

愛する主よ、こんなに情けない瀕死の状態で
生き続けていいのでしょうか。
あなたへの愛は弱く、冷たいのです。
あなたのご愛はかくも深いのに！

聖霊の風が世界の、日本の教会に吹き、世界が新しい霊的生命に溢れるよう、祈りましょう。

作曲者柾野武張について

柾野武張《まさのぶちやん》（一九五九―　）は、川上盾が代表を務める「これもさんびか」ネットワークの有力なメンバーです。彼は牧師の家庭に生まれ、ビートルズを聞いて育ち、エレクトーンを習い、ギターを弾きはじめました。明治学院大学時代はグリークラブに所属し、一〇〇名を超す部員の学生指揮者を務め、パイプ・オルガンを故園部順夫氏に、指揮法を故池宮英才氏に師事しました。一般企業に就職してからも、カトリック幼稚園教師研修会に一〇年以上も毎年招かれ、クリスマ

スの歌や行事などを紹介・指導するなかで数々の賛美歌を生み出し、「柾野武張」というペンネームを用いて「これもさんびか」に投稿するようになったそうです。「これもさんびか」の私家版CDに彼の賛美歌がいくつか収録されています。そのなかの「小さな光」は、彼の代表作とも言うべき歌です。

小さな光

今日　小さな光が生まれた
その光はイエスさま
貧しい馬小屋の　小さな馬ぶねで
しずかに　しずかに　生まれた

(くりかえし)
光はその身を燃やして
暗い闇夜を照らした
小さな光は　やがて

人を通して世界中へ

いま　小さな光が生まれた
わたしたちの心に
こんなに弱くて　貧しい心でも
光は宿ってくださる

（くりかえし）
今日　大きな希望が生まれた
その希望はイエスさま
自分を捧げて　愛する心を
示してくださった
イエスさま

今日、私たちの弱く、貧しい心にイエスさまが宿ってくださる、とは、なんと嬉しいことでしょうか！

水野源三の詩

柾野武張が、障害をもった詩人水野源三の多くの詩に曲を書いていることを知った私は、子どもの賛美歌の本である本書のために、源三の詩から何かよいものを選んで、曲をつけてくださいとお願いしました。すると、次に紹介する焼き芋の詩に曲をつけてくださいました。

はっきりと分かりました

焚き火の温かさは
焚き火に手をかざした
その時に　はっきりと
はっきりと分かりました

焼きいものうまさは
焼きいもを食べた
その時に　はっきりと
はっきりと分かりました

郵便はがき

料金受取人払郵便

銀座局
承認

4146

差出有効期間
平成31年6月
30日まで

104-8790

628

東京都中央区銀座4－5－1

教文館出版部 行

◉裏面にご住所・ご氏名等ご記入の上ご投函いただければ、キリスト教書関連書籍等のご案内をさしあげます。なお、お預かりした個人情報は共同事業者である「(財)キリスト教文書センター」と共同で管理いたします。

●今回お買い上げいただいた本の書名をご記入下さい。

書名

●この本を何でお知りになりましたか

1．新聞広告（　　　）　2．雑誌広告（　　　）　3．書　評（　　　）
4．書店で見て　5．友人にすすめられて　6．その他

●ご購読ありがとうございます。
本書についてのご意見、ご感想、その他をお聞かせ下さい。
図書目録ご入用の場合はご請求下さい（要　不要）

教文館発行図書 購読申込書

下記の図書の購入を申し込みます

書　　名	定価（税込）	申込部数
		部
		部
		部
		部
		部

●ご注文はなるべく書店をご指定下さい。必要事項をご記入のうえ、ご投函下さい。
●お近くに書店のない場合は小社指定の書店へお客様を紹介するか、小社から直送いたします。
●ハガキのこの面はそのまま取次・書店様への注文書として使用させていただきます。
●DM、Eメール等でのご案内を望まれない方は、右の四角にチェックを入れて下さい。□

ご氏名　　　　歳	ご職業

（〒　　　　　　）
ご住所

電　話
●書店よりの連絡のため忘れず記載して下さい。

メールアドレス
（新刊のご案内をさしあげます）

書店様へお願い　上記のお客様のご注文によるものです。
着荷次第お客様宛にご連絡下さいますようお願いします。

ご指定書店名	取次・番線
住　所	
	（ここは小社で記入します）

はっきりと分かりました

詞：水野源三　　　　曲：柾野武張

キリストの愛は
キリストを信じた
その時に　はっきりと
はっきりと分かりました

この詩に曲を付けてくださったのは、二〇一七年四月二四日でした。じつは当時私の家の近くのスーパーマーケットに焼き芋をつくる機械が設置され、とても美味しい焼き芋を売っていました。生まれて初めて味わった焼き芋の美味しさに感動していた時でしたので、この詩を読んで私はとても嬉しく思いました。ところで、キリストの愛は、キリストを信じたときに分かるというのです。なんと素晴らしい歌でしょうか。

水野源三について

水野源三（一九三七―八四）は、重度の障害を負いながら、四冊の貴重な詩集をのこした奇跡の詩人です。彼は長野県坂城《さかき》町に住んでいました。小学校四年のとき、赤痢になり、その結果、脳性小児麻痺になり、目と耳以外の機能をすべて失いました。ところがある牧師が彼の母に贈った聖書を通して、彼は主イエスの救いを経験し、神の愛によって生かされる詩人になったのです。

幸いなことに、私は二度彼を訪れることができました。炬燵《こたつ》の向こう側の彼の顔には、優しい微笑みが浮かんでいました。私はおもわず言いました。「もし私がノーベル賞の選考委員であったら、あなたにノーベル（平和）賞をあげたいですよ」と。

私が好きな彼の詩は「朝静かに」です。

朝静かに　この一日の
御恵みを　祈りおれば
我が心に　あふれくる
主イエスに　あるやすらぎ

水野源三

朝静かに　霊の糧なる
御恵みを　学びおれば
我が心に　あふれくる
主イエスに　ある望み
朝静かに　新しい日を

朝 静かに

詞：水野源三　　　　曲：柾野武張

たもう御神　たたえおれば
我が心に　　あふれくる
主イエスに　ある喜び

この詩に関心を持たれた柾野武張は、これに作曲して三日前（二〇一七年一一月二五日）に私にメールで送ってくださいました。源三さんの霊的生活を音楽で表現すると、このようになるのか、と思わせる素晴らしい曲です。この歌が、日本の多くの教会で歌われて欲しい、そして、毎朝、静かに祈り、主イエスにある安らぎを感じる人々がふえて欲しい、と願っています。日本の教会を活性化する鍵《かぎ》の一つが、この歌ではないでしょうか。主イエスにある望み、主イエスある喜びが、日本の教会にもたらされることを願っています。

13 ガリラヤのかぜかおるおかで（こどもさんびか改訂版五四番）

この賛美歌の不思議な魅力について

「ガリラヤのかぜかおるおかで」は一九七六年に讃美歌第三編とも言うべき『ともに歌おう』の公募から選ばれたもので、作詞者は別府信男《べふのぶお》（一九一三—二〇〇三）、作曲者は蒔田尚昊《まいたしょうこう》（一九三五— ）です。彼は「冬木透《ふゆきとおる》」という名前で『ウルトラセブン』を作曲した大変有名な作曲家です。

不思議な魅力をもつこの賛美歌は、多くの人々の心を魅了し、プロテスタントのほとんどの賛美歌集に採用されただけでなく、カトリックの賛美歌集にも収録されています。日本だけでなく、世界の多くの教会で歌われてほしいと思っていましたところ、ジョージ・ギッシュ師（George Gish, 1936- ，教文館理事、山梨英和女学院理事長）によって英訳され、一九九〇年に刊行された *Sound of the Bamboo* という賛美歌集に収録されています。この賛美歌集は、The Christian Conference of Asia と The Asian Institute for Liturgy and Music によって編纂されたものです。

ガリラヤの風かおる丘で

詞：別府信男　　　　曲：蒔田尚昊

別府信夫とはどんな人か

ところで別府信夫についての情報はあまりに少ないのです。高知県で生まれ、三〇年以上中学校の教師として勤務し、ヘブライ語を東京合同神学院や銀座で教えており、一九七三年に、中高のキャンプで、この歌を書いた、と『こどもさんびか改訂版略解』に紹介されているだけで、困っていました。ところが、そこに朗報が飛び込んできました。教文館出版部の編集者で、私の担当である奈良部朋子さんが、日本基督教団銀座教会で行われた別府氏のヘブライ語講座に二年間出席しており、彼のことを知っていると言われたのです。別府氏は大変謙虚な人で、あまりご自分のことは話されなかったそうです。

そして嬉しいことに奈良部さんは、別府氏が銀座教会に転会された一九九七年五月の教会報『銀座の鐘』と、もう一つの出版物に書かれた文章のコピーを私にくださいました。「わたし（主）があなたを選んだ」という文章は、彼が自分の魂の遍歴について詳しく述べたもので、これを読んで私は彼があのように素晴らしい歌詞を書くことが出来た秘密が分かりました。

彼の愛唱賛美歌は讃美歌一三六番「血しおしたたる　主のみかしら」です。一九三四年一一月二五日に、日本基督教団横浜指路教会の毛利官治牧師より洗礼を受けました。一九九七年五月に市川三本松教会から銀座教会に転会しました。

彼が六歳のとき父上が亡くなり、中学生になるや、寂しさに苦しみ、死後のことなど考えるようになったのです。一九三四年、二一歳のとき初めて教会にゆき、わずか一五日目に洗礼を願い、その日に贈られたのが「わたし（主）があなたを選んだ」という言葉でした。

ところが、数年後に、彼は大変な試練を経験します。

> 数年が過ぎたころ将来を誓い信じていた友の裏切りで苦悩の日々が続き、幾度か断食して死を願ったこともあった……しかし主は「逃れの道」を用意してくださった。新しい信仰の友、私の苦しみに祈りを捧げてくれる友が与えられた。

彼はその友・山崎華子《になこ》と結婚して、子どもも与えられました。その頃、彼は夜間の神学校に通い一九年の春に卒業しました。その後、彼はカルヴァンの『キリスト教綱要』を数名の牧師たちと共に学ぶ楽しい時を持つために、横浜から東京に出かけました。

五七歳で大病をし、そのあと「ガリラヤのかぜ」を書いたのです。彼は「感じる」と「信じる」は違う、これらを混同してはいけないと述べています。「信じる」とは、「私の感じや経験にかかわらず神のみ言葉を真実の言葉として受け取ること」であると。

この賛美歌は一節では「めぐみのみことば」、二節は「ちからのみことば」、三節は「すくいのみことば」、四節は「いのちのみことば」を「わたしにも聞かせてください」と述べています。

これは別府信夫の心を込めた祈りでした。それゆえ、私たちがそれを歌うとき、それらの言葉は、私たち自身の祈りになるのです。ガリラヤの丘で話された主イエスのみ言葉を、私たちにも聞かせてほしいのです。私たちが信じて歌うとき、主はかならず私たちの祈りに応えて、私たちにもめぐみのみ言葉を聞かせてくださいます!! ある信徒の人がこの賛美歌を歌っていたところ、四節まできたとき、涙が溢れたそうです。

別府氏は七一歳で中学校を辞任し、その後はすでに述べたように神学校や銀座教会でヘブライ語を教えることに生き甲斐を感じておられました。

考えてみると、彼は普通の中学教師で、特別に目立つ人ではなかったようですが、彼には普通でないことが一つありました。それは、自分の感じや経験とは無関係に、神の言葉を「真実の言葉」として受け取る本物の信仰です。彼は聖書を読むとき、「この言葉は、神さまが私に与えてくださる真実の言葉だから、必ずそのようになる」と信じて、感謝の祈りを捧げたようです。そして、この本物の信仰が奇跡を起こし、「ガリラヤのかぜ」が生まれたのです。

この賛美歌の作曲者について

この賛美歌が大変優れた作曲家蒔田《まいた》尚昊《しょうこう》によって作曲された、ということは、不思議な神の配剤によるものと思います。彼は「ガリラヤのかぜ」の歌詞を読んだとき、そこに込められてい

る別府氏の熱い祈りに感動なさったのではないでしょうか。いま私はCDでこの歌を聞いていま
す。なんと深い慰めを感じる曲でしょうか！　静かな平安が心にしみこみます。何時間も聴いて
いたい思いがします。

蒔田氏は満州国の首都新京で生まれました。広島市にあったエリザベト短期大学作曲科を卒業後、同短期大学宗教音楽専攻科を修了しました。この学校は、カトリック修道会のイエズス会を母体とするものです。一九五二年に開学し、エリザベト音楽大学が設置された三年後に廃止されました。彼はＴＢＳに入社後も、そこで働きながら国立音楽大学作曲科に編入して作曲を学びました。

彼は驚くほど多作な作曲家で、映画やテレビの音楽を担当するときは、冬木透の名前を用いています。ＮＨＫ連続テレビ小説『鳩子の海』の音楽を担当しました。このテレビ小説はずいぶん昔に見た記憶があります。『ウルトラセブン』で始まるウルトラシリーズでも有名になられたそうですが、私はそれらの曲を聞いたことがないので、その方面のことは良くわかりません。

この賛美歌の英訳

それでは、一九九〇年に発表されたこの賛美歌の英訳を紹介します。

In Old Galilee When Sweet Breezes Blew

In old Galilee, when sweet breezes blew o'er the lake,
Where he spoke to crowds when they came to hear,
Those words of grace that gave them promise;
Oh speak to me now, and let me hear those words of grace.

On that stormy day, when waves billowed high on the lake,
His disciples feared'til he spoke to them, those words of pow'r,
That gave them courage;
Oh speak to me now, and let me hear those words of pow'r.

On that cross he hung to die for the sins of the world,
From Golgotha' shame he called out in pain,
Those saving words of hope to sinners,
Oh speak to me now, and let me hear those saving words.

訳者ジョージ・ギッシュ宣教師について

ギッシュ師はアメリカのカンザス州に生まれ、エンポリオ・カンザス州立大学を卒業しました。太平洋戦争が終結して間もなく短期宣教師（J3）として来日し、中部地方で働きました。後にキリスト教視聴覚センター（AVACO）に勤務して、宗教及び芸術部門を担当しました。一九八三年より教区宣教師として日本基督教団本田記念教会と協力して働き、長年にわたり合同メソジスト教会世界宣教局海外部の代表を務めました。

ところで彼は来日してから日本の伝統音楽に深い関心を持ち、とくに琵琶の魅力にとりつかれ、自分で琵琶を弾くだけではなく、琵琶の歴史を学び、宣教師活動の傍ら、琵琶の研鑽を重ねました。そして、『対談と随想――オラシヨ紀行』（皆川達夫著、日本キリスト教団出版局）の「琵琶の歴史」の章を執筆するなど、琵琶の権威者として認められているのです。一九六九年、薩摩琵琶の研究を始め、「平家琵琶伝統育成普及協会」を設立しました。

14　ゆうべのいのり（讃美歌四六二番）

作詞者ジェイムズ・D・バーンズについて

「ゆうべのいのり　いまは果てて」は讃美歌の「児童」の箇所に収録されており、サムエル記上三章にある少年サムエルへの主の呼びかけを賛美歌にした美しい歌です。昔歌ったことがありますが、今回この歌の英語版を読んで、あまりの素晴らしさに驚きました。私訳と原歌を紹介しますが、その前にこの歌の作詞者がどのような人であったかを説明します。

この歌の作詞者ジェイムズ・D・バーンズ（James D. Burns, 1823-64）は、スコットランドの首都エディンバラで生まれ、名門エディンバラ大学を卒業し、牧師となったのですが、重い病気にかかって退職しました。しかし、回復してロンドンの長老教会の牧師となりました。彼は詩人的な繊細さを持ち、読む人々の心に迫る賛美歌をいくつか書きましたが、なかでもサムエルについてのこの歌は大変優れており、子どもの賛美歌の傑作と言われています。

私はこの歌の英語版を読んで、深い感動に包まれました。サムエルのような耳がほしい、謙遜な心がほしい、理性がほしい、信仰がほしいという言葉は、彼自身の真実な祈りです。このバーンズという人は、ほんとうに謙虚な心を持った牧師でした。

このサムエルについての歌の作曲者は、英国の有名な作曲家アーサー・サリヴァン（Arthur Sullivan, 1842-1900）です。彼は賛美歌一四九番「とこよにわたりていわえ」という復活の賛美歌の曲を書いていますが、オペラ、オペレッタなどの世俗的な曲を多く書いて有名になり、一八八三年にナイトの位を授けられました。

それでは「ゆうべのいのり いまは果てて」の私訳と原歌を紹介します。

一、夕べの賛歌が終わって静かになり、
宮は暗くなり、
聖なる箱の前の
燈火《ともしび》は、ほの暗く燃えていた。
そのとき、突然聖なる声が
静かな宮に響いた。

二、柔和で優しい老人である

イスラエルの祭司は眠っていた。
宮に仕えていた小さなレビ人は目覚めていた。
その時主はエリに隠していたことを
ハンナの息子に語られた。

三、主よ、私にサムエルの耳、
開かれた耳をどうぞ与えてください。
あなたがささやかれるみ言葉を
すぐ聞くことが出来る敏感な耳を！
彼のようにあなたのよびかけに答え、
あなたに従うことが出来るように。

四、どうぞサムエルの心を与えてください。
謙遜な心を。あなたがおられるあなたの家であなたを待ち、
または、あなたの門口であなたを待ち受ける心を！
昼も夜もいつも

あなたの御意思のままに動く心を。

五、どうぞサムエルの知性をください。
誠実で不平を言わない信仰を。
生きるときも死ぬときも
あなたに従順で、すべてをお任せることができますように。
子どもらしい目で真理を悟り、
賢人たちに隠されている真理を読み取ることができますように。

1. Hushed was the evening hymn,
The temple courts were dark,
The lamp was burning dim,
Before the sacred ark:
When suddenly a voice divine
Rang through the silence of the shrine.

祈るサムエル

2. Old Eli, meek and mild,
The priest of Israel, slept;
His watch the temple-child,
The little Levite kept;
And what from Eli's sense was sealed,
The Lord to Hannah's son revealed.

3. Oh, give me Samuel's ear,
The open ear, O Lord,
Alive and quick to hear
Each whisper of thy word!
Like him to answer at Thy call,
And obey Thee first of all.

4. Oh, give me Samuel's heart,
A lowly heart, that waits

Where in Thy house Thou art,
Or watches at thy gates!
By day and night, a heart that still
Moves at the breathing of Thy will.

5. Oh, give me Samuel's mind,
A sweet, unmurmuring faith,
Obedient and resigned
To Thee in life and death!
That I may read with childlike eyes
Truths that are hidden from the wise.

讃美歌三一一番「わがみかみよ　ひるもよるも」

この歌も彼の作詞によるもので、昼も夜も、いつも「主とともならん」と歌っています。バーンズらしい美しい歌です。彼がどのように神を愛し、つねに祈りにおいて神とともに生きることを願ったかがよく分かる歌です。

この歌の私訳と原歌を紹介します。

一、わが神よ、みもとで憩うことを
私は願っています。
昼も夜も、自国に居るときも海外にいるときも、
私はみもとで憩いたいのです。

二、夜が明けて仕事を始めるとき
私はみもとにいたいのです。
毎日祈りにおいて、わが神よ、
みそばにいたいのです。

三、繁盛している市場に群がる群衆のなかにいて
周囲がうるさいとき、
あなたのみ声が優しく私に語りかけるのを
聞きたいのです。

四、日が暮れて夕べに心が静まるとき、
　みもとにはべり、
　みもとで朝日と夕日を眺めたいのです。

五、永眠を知らせる暗闇がせまるとき、
　あなたのみ翼のかげに憩い、
　安らかに目を閉じることができますように。

六、信仰によってみそばに、みそばに
　私はとどまっていたいのです。
　昼も夜も、生きているときも死後も
　私はみもとで憩いたいのです。

1. Still with Thee, O my God,
I would desire to be;
By day, by night, at home, abroad,

I would be still with Thee.

2. With Thee when dawn comes in
And calls me back to care,
Each day returning to begin
With Thee, my God, in prayer.

3. With Thee amid the crowd
That throngs the busy mart,
To hear Thy voice, where time's is loud,
Speak softly to my heart.

4. With Thee when day is done,
And evening calms the mind;
The setting and the rising sun
With Thee my heart would find.

5. With Thee when darkness brings
The signal of repose,
Calm in the shadow of Thy wings,
Mine eyelids I would close.

6. With Thee, in Thee, by faith
Abiding, I would be;
By day, by night, in life, in death,
I would be still with Thee.

この素晴らしい賛美歌を私は今まで一度も歌ったことがなく、聞いたこともありませんでした。サムエルの賛美歌を書いたバーンズのことを調べていて、この歌に出会えたことをうれしく思います。

15　しゅにしたがうことは（こどもさんびか改訂版一一九番）

「主に従うことは」と再会した喜び

一九九七年二月に讃美歌21が刊行されたとき、私はその五〇七番に懐かしい「主に従うことは」が収録されているのを知って、喜びで心が踊り、「主にしたがいゆくは　いかによろこばしき」と歌いました。私が覚えていたのは文語文で、讃美歌21では、それが口語文に変わっていました。躍動感のある曲で、歌っていると、喜びが心に溢れます。

グラント・タラーの生涯

この歌の原歌と私訳を紹介するまえに、この歌の作詞、作曲をしたグラント・C・タラー（Grant C. Tullar, 1869-1950）がどのような生涯をおくったかを説明します。彼は一八六九年に米国のコネチカット州のボルトンという町で生まれました。父は南北戦争で大怪我をして仕事ができず、母は彼が二歳のときに死亡するという不幸を経験し、学校の教育をうけたのは二年ぐらいで、毛織物工場や靴屋で働き、心がすさんでいました。

ところが一九歳のとき、ボルトンの町で行われたメソジスト教会の天幕伝道でイエス・キリストに出会い、彼の人生は一変しました。これはキリスト教で「回心」と呼ばれる素晴らしい経験です。その経験について彼が述べた記事に私はまだ出会っていませんが、参考になる記事を私はインターネットで発見しました。

それは、一八歳で靴屋で働いていた時に回心という経験をしたドワイト・ムーディー（Dwight Moody, 1837-99）という人が、自分の回心について詳しく書いている文章です。彼は一九世紀後半の米国に驚くべき信仰復興をもたらした大伝道者ですが、小学校の教育しか受けていませんでした。彼は自分の回心について次のように述べています。彼が通っていた教会で青少年のクラスを受け持っていた教師が靴屋に彼を訪ねて、主イエスが彼を愛しておられると話したとき、奇跡が起こりました。ムーディーは生まれて初めて主イエスに愛されていると信じたのです。これが彼の人生を変えた回心でした。彼はそのときの喜びを次のように述べています。

グラント・タラー

ドワイト・ムーディ

私が回心した朝、私は戸外に出て、大地を明るく照らしている輝く太陽に恋をした。それまでは私は太陽を一度も愛したことがなかった。小鳥が美しくさえずっているのを聞いて、私は小鳥に恋をした。スコットランドの乙女が自分の土地の丘の上で心地よい空気を吸っているとき、どうしてそうするのかと聞かれて、「スコットランドの空気が好きだから」と答えるだろう。もし教会に愛が満ちていたら、それ以上に素晴らしいことができるだろう。

The morning I was converted, I went outdoors and I fell in love with the bright sun shining over the earth...I never loved the sun before. And when I heard the birds singing their sweet songs, I fell in love with the birds. Like the Scotch lassie who stood on her native land breathing the sweet air, and when asked why she did it, said, "I love the Scotch air." If the church is filled with love, it could do so much more.

彼が「世界が変わった」という歓喜を経験したのは、一八五五年でした。このことを私は『受難と復活の賛美歌ものがたり』（教文館）の第４章に詳しく書いています。ところでムーディーとタラーの回心はなんと似ていることでしょうか！　二人とも靴屋で働いており、年齢も一八歳と一九歳です。タラーはムーディーと同じように、回心のあと世界が変わって見えたはずです。父母の愛を知らなかったタラーは、主イエスが自分を深く愛していてくださると信じるようになって、心に喜びが溢れました。その結果、神さまが自分に歌う力、オルガンを弾く力と作曲する才能を与えておられることを自覚するようになりました。それらの才能を用いて神に奉仕することを願って、メソジスト教会の牧師となりました。そして素晴らしい賛美歌の歌詞と曲を作り、世界の多くの人々の人生を豊かにすることができたのです。

それでは「主に従うことは」は、どんな歌でしょうか。私訳と原歌を見てみましょう。

一、私は「主に従って」生きてゆく。
　この地上の旅路をたどるとき。
「主に従って」日々をすごすのだ。
　主が進む道を示してくださると確信して。

（折り返し）
喜んで主に従ってゆくのだ、
喜んで主に従ってゆくのだ、
喜んで主に従ってゆくのだ。

二、「主に従って」生きる時、平安と喜びが心に満ち、
日ごとに私の人生は明るくなるのだ。
「主に従って」いると、主の霊が私の心に住んでくださり、
あらゆる罪を浄めてくださる。

三、「主に従う」とき、主の無比の愛を実感する。
主は私を天の故郷に導いてくださる。
「主に従う」とき、多くの敵に襲われても、
私はすべての敵に勝つことができる。

四、「主に従い」、主と共に歩むとは、なんと幸せなことか。

しゅにしたがうことは

詞・曲：Grant C.Tullar

暗雲が私の道を暗くしても、
「主に従って」いると、主の微笑みが私の道を照らし、
夜が昼間に変わるのだ。

1. "In His steps" I follow as I go
On my pilgrim journey here below,
"In His steps" I follow day by day,
Trusting Him to lead the way,

(Chorus)
Gladly in His steps I follow, I follow, I follow,
Gladly in His steps I follow,
Gladly in His steps, I go.

2. "In His steps" what peace and joy I know,
Every day my path doth brighter grow,

"In His steps" His spirit dwells within,
Cleansing me from every sin.

3. "In His steps" I prove His match-less love,
While He leads me to my home above,
"In His steps" tho' pressed by every foe,
I shall conquer all, I know.

4. "In His steps" how sweet to walk with Him,
Even though clouds my pathway dim,
"In His steps" His smile illumes the way,
And my night is turned to day.

このタラーにとって主イエスに従って生きることは、この上ない喜びであったのです。三節に"His match-less love" という言葉があります。他のどのような愛にも比べることができないほどの深い愛が主イエスの愛であると彼が自分自身の体験を通して実感していたことが伺われます。

主に愛されている喜びがあふれています。

新聖歌五一五番と一一一番について

新聖歌五一五番「わが罪のために」の歌詞は、キャリー・E・ブレック（Carrie E. Breck, 1855-1934）という女性の歌詞にタラーが曲をつけた歌です。第一節と折り返しを紹介します。

わが罪のために見失せ給いし
主を拝しまつる日ぞ懐かしき

（折り返し）
麗しき星の彼方に行きて
眼《ま》の当《あた》り君を拝しまつらなん

Face to face with Christ my Savior,
Face to face —— what will it be
When with rapture I behold Him,

Jesus Christ who died for me.

この歌は天国で主イエスと顔と顔を合わせて相見る日が近いことの喜びを述べています。原歌には「折り返し」が無く、日本語訳とは大分違っています。

ところで、この歌の成立にまつわる面白い事実をタラーは彼の著書に書いています。ニュージャージー州のルサフォードという町で、そこの牧師と一緒に伝道に励んでいたある日の夕方、牧師宅の食卓にゼリーを入れた瓶が置いてありましたが、瓶の中には少ししか残っていませんでした。彼はゼリーが大好きであったので、牧師夫妻はそれを全部タラーにあげよう思って、その瓶を彼にわたしました。タラーは喜んで言ったのです。「これを全部私が食べていいのですか」

“So this is all for me, is it?” と。

そのとき、この “all for me” という言葉が彼の心をとらえました。彼はピアノを弾きながら、次のように歌ったのです。

All for me the Savior suffered,
All for me He bled and died.

キャリー・ブレック

私のためだけに救い主は苦しまれ、
私のためだけに主は血を流して、死なれたのだ。

それを聞いた牧師は感激して、「その夜の集会で、その歌を歌ってみたい」と告げますと、タラーは、「もう少し歌を改良したい」と答えたそうです。ところが翌日、タラーの友人で多くの賛美歌の歌詞を書いていたキャリー・E・ブレック夫人から、いくつかの歌詞を送った手紙が届きました。その一つを見て、彼は驚きました。彼がその前夜に書いた曲とぴったり合った歌詞だったからです。このようにして生まれたのが五一五番の「わが罪のために」です。この話は有名で、Kenneth Osbeck, *101 More Hymn Stories*（KUREGEL PUBLICATIONS）に載っています。

ブレック夫人は、米国オレゴン州のポートランドに長年住んでおり、夫と五人の娘の世話をする忙しい主婦でしたが、なんと二〇〇〇以上の賛美歌の歌詞を書いたのです。彼女の心には絶えず神を賛美する思いがあふれており、繕い物をするとき、子守りや掃除、食器を洗うとき、賛美歌の歌詞が浮かんでいたのです。とても不思議な女性でした。讃美歌五一〇番「まぼろしの影《かげ》を追いて」も彼女の作詞によるもので、明治以来、多くの日本人に愛されてきた歌です。

新聖歌一一一番の「生《い》くる甲斐《かい》もなしと」も歌詞がキャリー・ブレックで、曲はタラー作です。その私訳と原歌を紹介します。

一、私のために死ぬことを望まれた方がおられた。
私のような無価値な人間を活かすために。
主は十字架への道を辿《たど》られた。
私の生涯の罪が赦されるために。

（折り返し）
私の罪は十字架に釘付けにされている。
私の罪は十字架に釘付けにされている。
主はなんと大きな苦しみに耐えることを望まれたことか！
主イエスはなんと深い苦悩と喪失感をいだいて十字架に向かわれたことか！
主は私の罪を背負って行かれたのだ。

二、主イエスは私の心の垢《あか》を取り去ってくださるとき、
優しく、愛に満ち、忍耐ぶかくあられる。
「もはや罪に定められることはない」――私は解放されたのだ。
私のすべての罪は十字架に釘付けにされたのだ。

三、私は救い主にすがりつき、絶対に離れたくない。
私は毎日喜びに満ちて生活し、
口と心で賛美を歌いたい。
私の罪は赦されたのだ。

1. There was One who was willing to die in my stead,
That a soul so unworthy might live;
And the path to the cross He was willing to tread,
All the sins of my life to forgive.

(Chorus)
They are nailed to the cross,
They are nailed to the cross,
O how much He was willing to bear!
With what anguish and loss Jesus went to the cross!
But He carried my sins with Him there.

2. He is tender and loving with me,
While He cleanses my heart of the dross,
But "there is no condemnation"— I know I am free,
For my sins are all nailed to the cross.

3. I will cling to my Savior and never depart,
I will joyfully journey each day,
With a song on my lips and in my heart,
That my sins have been taken away.

ブレック夫人とタラーは、主イエスが自分のために十字架に架かってくださったということを日常生活のただなかで常に思っていたのです。ブレック夫人は家事をしているとき、タラーはゼリーを食べているときにも、主を賛美しており、そのような心が私たちを感動させる賛美歌を生んだのです。

16　きょうだいげんかを（こどもさんびか改訂版一一五番）

阪田寛夫の三つの賛美歌

あの有名な阪田寛夫《さかたひろお》（一九二五―二〇〇五）が作詞した三つの歌が『こどもさんびか改訂版』に収録されています。一一五番「きょうだいげんかを」、一〇九番「ロケットにのって」、と一一七番「さあ、てをくんで」です。

阪田寛夫
（内藤啓子氏所蔵）

彼は熱い信仰をもった両親に育てられた天才肌の人物です。大阪市で生まれた阪田は一四歳で洗礼を受け、東京大学文学部を卒業しました。童謡作家、小説家として活躍し、本を刊行すれば、多くの場合受賞する、という驚くべき才能を持つ人物でした。

彼が三三歳のときに、生まれてはじめて書いた童謡「サッちゃん」は、従兄の大中恩《おおなかめぐみ》（一九二四―　）

という優れた作曲家が曲をつけ、国民的愛唱歌になりました。谷悦子は『阪田寛夫の世界』（和泉書院）に、彼の詩に大中恩の曲がつけられたのを聞いたときの驚きを、阪田が述べた文章を紹介しています。

ふしぎなことに最初の一行を聴いた時から、私はこれを前以て知っていたような気がした。（中略）自分のことを言っておかしいけれども、これは作詞者も知らないで詩のなかに封じ込めているリズムと抑揚を外へひっぱり出して、魅力のある歌として定着する能力もしくは言語感覚を、作曲者が持っている証拠だろう。

この文章は、阪田が大中の作曲家としての素晴らしさを賞賛しているものですが、同時に阪田の詩人としての感性の鋭さを示しています。

一五番「きょうだいげんかを」

一五番「きょうだいげんかを」は、この二人が作った子どもの賛美歌です。賛美歌ですと、普通は「きょうだいけんかはやめましょう」となるのでしょうが、この歌は、子どもたちのありのままの状態を述べています。たびたび兄弟で喧嘩をする、恨みあったり、いがみ合ったりする。

ところがあるとき、みんなに優しくしたくなる。なぜだかさっぱりわからない。

そして「くりかえし」で、

神さま　神さま　神さま
そのわけ　おしえてください

と子どもが神さまに三度呼びかけます。

私はこの歌詞を最初読んだとき、この歌はどこに強調点が置かれているのかさっぱり分からず、困りました。ところがＣＤで聞いてみると、「神さま　神さま　神さま」という箇所が、驚くほど優しくsweetに響くのです。それで気づいたのです。これは、神さまをこころから愛している子どもが、神さまに自分をすべてお任せして、祈っている歌であると。この歌には、「おわりに」がついており、「おしえてください　神さま」となっています。

大中恩について

大中は東京音楽学校（現在の東京藝術大学音楽学部作曲科）を卒業しました。彼の父は島崎藤村作詞の「椰子の実」の曲を書いたことで有名な大中寅二です。寅二は東京の霊南坂教会のオルガニストとして半世紀以上務めました。

大中恩は子どものための音楽をライフワークとしており、一九八二年には「犬のおまわりさん」「サッちゃん」「おなかのへるうた」などを収録した『現代こどものうた秀作選・大中恩選集』で日本童謡大賞を受賞しました。

一一七番「さあ　てをくんで」

この歌は阪田寛夫の歌詞に、「さとうきび畑」を作詞作曲した寺島尚彦《てらしまなおひこ》（一九三〇—二〇〇四）が作曲した異色の誕生日を祝う歌です。
一、二節を読んで分かることは、今日は大事な友だちが神さまから命を受けた日なので、手を組んで、神さまに感謝しよう、そして、目を閉じて、神さまが、大事な友だちを守ってくださるように祈ろう、という一見とても単純に見える歌です。
しかし、「生まれた日」と言わずに「命を受けた日」と表現していることに深い意味があります。神さまが命を与えてくださったのです。それですから、本人に「おめでとう」と言わず、神さまに「お守りください」と祈ろう、と言うのです。この歌を歌っている子どもたちは、神さまに深い愛と信頼を感じていることが伺われます。また彼らが、その日に生まれた友だちを「だいじな友だち」と呼んでいます。彼とその友の間には、深い友情の絆があることが分かります。そのようなうれしい朝には、空や、野原に吹く風は、光っているように思えるのです。

この歌の作曲者寺島尚彦について

寺島尚彦は東京藝術大学音楽学部作曲科を卒業しました。彼は一九六七年に沖縄を訪れ、さとうきび畑の下に多くの戦死者や自決者たちが眠っており、風が吹くと、「ざわわ、ざわわ」という悲しい音がするのを聞いたのです。

彼は一人の少女を主人公にした歌を書きました。彼女は沖縄の戦いで父親が死んだので、父のことはなにも知りません。大きくなってさとうきび畑に父を探しに行くのです。そこには「ざわわ、ざわわ」という風の音がするだけです。

私は森山良子が涙がでそうな表情でこの歌を歌うのを何度もテレビで見ました。聴いていると、戦争がいかに残酷なものであるかを身にしみて感じます。

阪田寛夫はどんな人物か

幸せなことに、私は阪田氏を個人的に存じ上げる機会が与えられました。これから阪田先生と呼ばせていただきます。一九九五年に創元社から私の『讃美歌・聖歌ものがたり』が刊行されたとき、先生はこの本を大阪の書店で買われ、熟読してくださいました。じつは、先生と創元社の当時の社長矢部文治氏は幼稚園時代からの親友で、お二人でこの本が世に出たことを喜んでくださいました。

阪田先生は一九八六年から二年間『信徒の友』というキリスト教の雑誌に賛美歌について連載され、それが一九八八年の一二月に『讃美歌こころの詩《うた》』として日本キリスト教団出版局から刊行されました。じつに素晴らしい本で、是非みなさまに読んでいただきたいものです。

その二二三頁から二二五頁に、先生は私が『讃美歌・聖歌ものがたり』に書いたことを引用しておられます。小学唱歌のなかに賛美歌の曲が使われていることに関して、私が書いた文です。

> 賛美歌には歌詞があり、それが大事なメッセージを伝えています。人間を救うために、神が遣わしたもうたイエスを賛美するというメッセージです。その歌詞をまったく無視して、賛美歌から曲だけを剝ぎ取って、唱歌につけたわけです。元来、曲はその歌詞を支えるためのものですから、歌詞を剝ぎ取られた曲は「抜け殻」です。

先生は、この文を「鋭い指摘」と評価してくださいました。これを読んだ私がどのように感激したかお分かりと思います。先生は無名の私を励ましてくださいました。

ある日、先生から大中恩さんが作曲された歌のコンサートの招待券が届きました。当時、私はときどき体調が悪くなることがありましたので、万が一そういう理由で伺えない場合は、失礼をお許しくださいと返信しました。すると先生からお便りが届きました。まるで私に迷惑をかけたかのように、あやまっておられる文面です。私はほんとうに驚きました。その日は無事に伺うことができました。

先生に接した人々はみな、先生の謙虚さに驚かされます。「謙虚さ」という言葉では表現できないほどの謙虚さです。ご自分が超有名人であることなど全く意識しておられませんでした。私は「イエスさまが喜ばれるクリスチャンとは、このような人であろう」と思っています。

17　おなかのすいたイエスさまに（こどもさんびか改訂版五一番）

小林光とはどんな人か

五一番の「おなかのすいたイエスさまに」は、小林光《こばやしひかる》（一九六〇―　）という牧師、教育者が作詞作曲した素晴らしい賛美歌です。彼は東京神学大学大学院修士課程を修了後、日本基督教団のいくつかの教会の牧師を務めましたが、二〇一三年からは名古屋学院名古屋中学校・高等学校の学院長をしています。

彼は音楽的才能に恵まれており、ギターやハーモニカ、オカリナを使って賛美集会をしているとのことです。もちろん自作の賛美歌をそれらの楽器を用いて演奏するのでしょう。

この五一番の曲は、じつに生き生きとした曲で、三回イエスさまが悪魔の誘惑に打ち勝たれた様子がまるで目に見えるようです。

「おなかのすいたイェスさまに」

この歌は、マタイによる福音書四章のイエスが三つのサタンの誘惑に勝たれたことを取り上げています。おなかがすいたイエスさまにサタンが「お前が神の子なら、この石をパンにしろ」と言います。しかし、イエスさまは誘惑に打ち勝って言われました。「人はパンだけで生きるものではない」と。

この誘惑は、子どもたちにも理解できるでしょう。「おなかがすいたイェスさま」という言葉が生きています。「イエスさまも、ぼくたちのようにおなかがすかれたのか」と思うと、子どもたちは、イエスさまを身近に感じます。第二の誘惑は、「お前が神の子なら、宮の屋根の下に飛び降りろ」です。ところが、イエスさまは、「主なる神さまをためしてはいけません」と断りました。第三の誘惑は、「私を拝むなら全世界を与えよう」とサタンは言いました。それにたいしてイエスは「退け、サタンよ、神さまだけをおがむのだ」と決然として言われました。

イエスが荒野で四〇日間断食して祈られたのは、自分が神の子なら、どのように生きるべきかを探るためでした。貧しい人々に食糧を十分に与えることが出来るような救い主、奇跡をおこなって人々を引きつける救い主、それとも最高の権力を握る救い主など、色々な生き方を示して、サタンはイエスを誘惑したのですが、これらの誘惑にイエスは勝たれました。

ヘンリ・ナウエンに学んだ「誘惑」

私たちの場合、サタンの誘惑はどのような形をとってあらわれるでしょうか。私は二〇〇九年に『あなたは愛されています――ヘンリ・ナウエンを生かした言葉』（教文館）という本を刊行しました。その第三章にナウエンは「人々の喝采を求める誘惑」について書いています。

ヘンリ・ナウエン（Henri Jozef Machiel Nouwen, 1932-96）は二〇世紀の偉大な霊的指導者であったカトリックの司祭です。革新的な霊的な著作を次々に世に送り、それがベストセラーとなって有名になり、米国のイェール大学神学部の教授も務めた人物でした。しかし彼は自分の生き方に問題を感じ、七か月間修道院に滞在しました。

その滞在を通して彼は気づいたのです。自分は人生において成功し、スターになりたい、自分が書く本で人々から喝采を受けたい、と願っていたのではないか。自分の最も霊的な行動さえもが、虚栄心に汚されていたことに気づいたのです。

ヘンリ・ナウエン

私はこの箇所を読んで、衝撃を受けました。賛美歌の本を何冊も書いて神さまに奉仕していると思っていたからです。サタンの誘惑とは、自覚することが難しいことを教えられました。

「静かであることを切望せよ」

一九五二年に私がアメリカ留学から帰国するとき、お世話になった牧師夫人からいただいた本 Robert E. Speer, ed., *Five Minutes a Day*（The Westminster Press）に "Be Ambitious to be Quiet"「静かであることを切望せよ」と題した次のような詩が載っていました。

あなたがいい仕事をしているのに、世間がそれに気づかず、
褒めてくれないと言って、なぜ不満なのですか。
誠実な働き人よ、毎日沈黙のなかで働いているのは、そんなに厭なことですか。

町の交通の雑音は聞こえますが、空の白熱の世界の音は、なにも聞こえません。
日没の号砲の音は聞こえますが、太陽が沈むとき、音はしないのです。

トランペットを吹いて、褒めそやされるとき、その仕事や働き人の値打ちが上がるのですか。
神のように静かに働く人を、この地上に見出すことはできません。

サムエル・ヴァレンタイン・コール

Why fret you at your work because
The deaf world does not praise you?
Were it so bad, o workman true,
To work in silence all your days?

I hear the traffic in the street,
But not the white worlds over the town:
I heard the gun at sunset roar,
I did not hear the sun go down.

Are work and workman greater when
The trumpet blows their fame abroad?
Nowhere on earth is found the man
Who works as silently as God.

Samuel Valentine Cole

私たち人間は、人々に自分の働きぶりを認めてもらい、称賛されたい、という思いが深いので、誰からも認められずに静かに働くことは望みません。ところで、ほんとうに私たちが望むべきことは人からの称賛ではなく、神さまが認めて、喜んでくださることなのです。この詩を書いたサムエル・ヴァレンタイン・コール（Samuel Valentine Cole, 1897-1925）は、一八九七年にアメリカのマサチューセッツ州にあったちいさな大学の初代学長になった牧師であり、詩人です。

あとがき

「イェスさま　いるって　ほんとかな」

この「イェスさま　いるって　ほんとかな」の歌を本書の最初に置き、また本書の副題にできたことを嬉しく思います。

ところで、いわゆるキリスト教国でない日本では、子どもだけでなく、大人もこの問いに悩んでいるはずです。考えてみると、神さまがいると言われていますが、神さまがほんとうにいるのか私たちには分かりにくいです。それで、是非日本人にもこのような賛美歌を書いて欲しいと思っていたところ、柾野武張が私の願いを聞き入れて、「神さまいるってほんとかな」という歌の歌詞と曲も書いてくださいました。

二〇一五年に私が教文館から出した『スザンナ・ウェスレーものがたり――ジョン、チャールズ・ウェスレーの母』の第8章で、私はスザンナをアビラの聖テレサと比べてみました。聖テレサは、イエスさまが彼女の右に片時も離れずにおられるのを実感したそうです。私たちの右にもイエスさまがいつもいてくださると信じることができたら、嬉しいですね。

一、神さまいるって　ほんとかな
ほんとにどこかに　いるのかな
どこか遠くに　いるのかな
お空《そら》の向こうに　いるのかな

二、目には見えない　微風《そよかぜ》も
木の枝《えだ》揺《ゆ》れると　わかるんだ
頬《ほほ》にやさしく　感じたら
微風《そよかぜ》吹いたと　わかるんだ

三、目には見えない　神さまも
心が動くと　わかるんだ
誰かの小さな　やさしさに
神さまいること　わかるんだ

神さまいるってほんとかな

詞・曲　柾野武張

二〇一七年七月二九日に腰を痛めた

本書が無事に八月二二日に刊行できることを、私は大変感謝しています。じつは、二〇一七年七月二九日に電車のなかで転び、腰を痛める怪我をしました。その結果、一人暮らしができないので、妹の和子が住んでいるところに身を寄せています。ベッドから起き上がるのが痛くて辛い時期もありましたが、間もなく痛みが癒されました。しかし、足の骨が弱く、転びやすいので、外出はできません。一七年三月から本書をパソコンで書き始めていた時に起こった事故でしたが、多くの方々のお祈りに支えられて、仕事を続けてゆくことができました。

このような日々、私を励まし、慰めてくれたのが『こどもさんびか改訂版』のCDでした。女性たちの優しい声で歌われる賛美歌を聴きながら生活していましたので、数十回聞きました。いつのまにか私は大人の賛美歌の世界を忘れて、子どもの賛美歌を口ずさむようになりました。

私のように、子どもの賛美歌を知らない人々が多いと思います。その人々が、このCDを購入されて、聞いてくださることをお勧めします。また『幼児さんびか』には全部の歌に楽譜がついていますので、是非お買い求めください。

阪田寛夫先生のこと

私は本書を書くことによって、大きなお恵みを与えられました。16章の「きょうだいげんかを」で取り上げた阪田寛夫先生が、どんなに素晴らしい人であったかを再認識できたからです。
インターネットで、彼が筆で書いた言葉を見ました。

「我等この宝を土の器に有てり
これ優れて大なる能力の　我等より出でずして
神より出づることの顕れんためなり　　阪田寛夫」

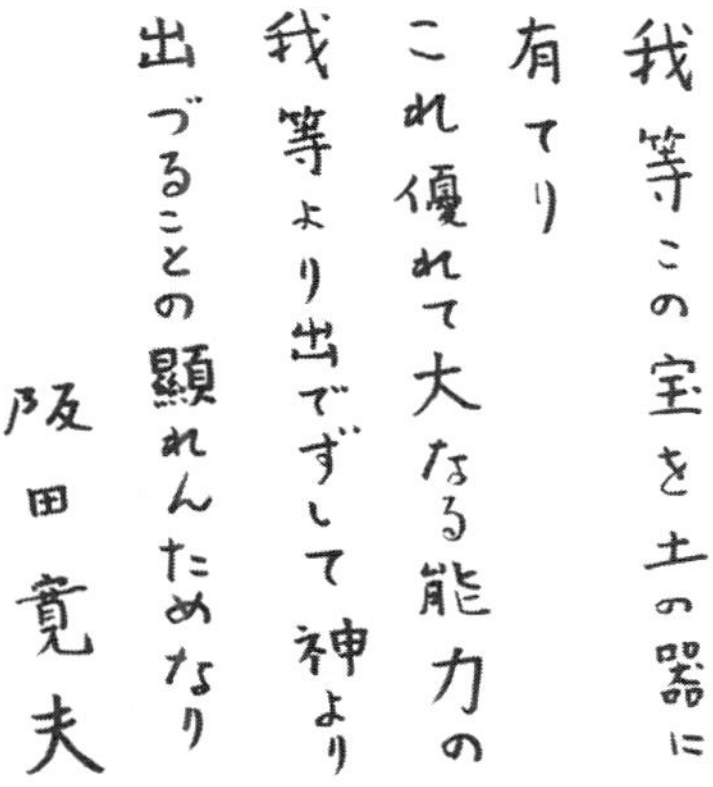

我等この宝を土の器に
有てり
これ優れて大なる能力の
我等より出でずして神より
出づることの顕れんためなり
阪田寛夫

これはコリントの信徒への手紙Ⅱ四章七節の古い訳です。新共同訳では、次のように訳されています。

「わたしたちは、このような宝を土の器に納めています。この並外れて偉大な力が神のものであって、私たちから出たものでないことが明らかになるために。」

阪田先生は、自分は、つまらない「土の器」にすぎない。しかし神さまがご自分の御用のために用いてくださるとき、なにかを成し遂げることができるのだ、と信じておられました。ここで大事なことは、先生が「私は土の器」と本気で思っておられたことです。また先生は、神のみ力がどのように偉大であるかご存知でした。考えてみると、私たちは、神の偉大さを知らないようです。

「これもさんびか」ネットワークについて

私は今まで本を書くとき、いつも日本の教会に苦言を呈しました。『スザンナ・ウェスレーものがたり』でも「今の日本の教会の問題はなんでしょうか。それは霊的生命の枯渇、形骸化ではないでしょうか」と書きました。

しかし、今度はちがいます。「これもさんびか」ネットワークについて私の本に記事を書いてみて、イザヤ書の次の言葉が思い出されます。

四二・一〇　新しい歌を主に向かって歌え。

四三・一九　見よ、新しいことをわたしは行う。
今や、それは芽生えている。

川上盾を代表として、柾野武張を含む全国に約一〇〇人のメンバーを有するこのグループは、次々に新しい賛美歌を作っています。『これもさんびか』というCDをいただいて、聴いてみました。収録されている賛美歌もすべて新作で、熱気が伝わってくるCDです。

その他の賛美歌について

私が本書で取り上げた賛美歌は、古い歌でも、全部現在の私たちの魂に訴える力を持っています。教会の牧師や大人の信徒がこれらの歌を歌って、主を賛美しましょう！

この本が出来上がるために、教文館出版部部長の石川正信さんと、編集の奈良部朋子さんには、大変お世話になりました。奈良部さんは、この本を私と一緒に書いていたと思われるほど、編集者として色々助言をしてくださいました。このように優秀な編集者に出会えたことを感謝しています。

二〇一八年七月一〇日　　東京、世田谷にて

大塚　野百合

著者紹介

大塚野百合（おおつか・のゆり）

東京女子大学英語専攻部、早稲田大学文学部史学科卒業。米国クラーク大学大学院修士コース修了。

イェール大学神学部研究員、恵泉女学園大学教授、昭和女子大学非常勤講師を歴任、恵泉女学園大学名誉教授。

著書　『老いについて』『賛美歌・聖歌ものがたり』『賛美歌と大作曲家たち』『賛美歌・唱歌ものがたり』『賛美歌・唱歌ものがたり(2)』『賛美歌・唱歌とゴスペル』『出会いのものがたり』（創元社）、『ヘンリ・ナウエンのスピリチュアル・メッセージ』（キリスト新聞社）、『あなたは愛されています』『感動ものがたり』『「主われを愛す」ものがたり』『スザンナ・ウェスレーものがたり』『「きよしこの夜」ものがたり』『受難と復活の賛美歌ものがたり』（教文館）ほか。

子どもの賛美歌ものがたり―イエスさまいるってほんとかな

2018 年 8 月 25 日　初版発行

著　者　大塚野百合

発行者　渡部　満

発行所　株式会社　教文館

〒104-0061 東京都中央区銀座 4-5-1

電話 03(3561)5549　FAX 03(5250)5107

URL http://www.kyobunkwan.co.jp/publishing/

印刷所　株式会社平河工業社

配給元　日キ販　〒 162-0814　東京都新宿区新小川町 9-1

電話 03(3260)5670　FAX 03(3260)5637

ISBN978-4-7642-6136-5　Printed in Japan